Anselm Rohrer · Ramona Sedlacek

Clevere Tipps
für die Projektarbeit

–

IT-Berufe
Abschlussprüfung Teil A

Bestell-Nr. 753

U-Form Verlag · Hermann Ullrich GmbH & Co. KG

Du hast Fragen, Anregungen oder Kritik zu diesem Produkt?

Das U-Form Team steht dir gerne auf Facebook Rede und Antwort.

Direkt auf

facebook.com/pruefungscheck

fragen, diskutieren, stöbern und weiteres Wichtige und Wissenswerte rund um Ausbildung erfahren

oder

einfach eine kurze E-Mail an

feedback@u-form.de

COPYRIGHT

U-Form Verlag · Hermann Ullrich GmbH & Co. KG
Cronenberger Straße 58 · 42651 Solingen
Telefon 0212 22207-0 · Telefax 0212 22207-63
Internet: www.u-form.de · E-Mail: uform@u-form.de

8. Auflage 2017 · ISBN 978-3-88234-753-1

Inhaltsverzeichnis

ACHTUNG!

Sollte es für diesen Ratgeber Aktualisierungen oder Änderungen geben, können Sie diese unter

www.u-form.de/addons/753-1.pdf

herunterladen. Ist die Seite nicht verfügbar, so sind keine Änderungen eingestellt!

Seit dem Jahr 1999 streben Hunderte von Auszubildenden zweimal im Jahr danach, die Abschlussprüfung in einem der IT-Berufe zu bestehen. Und jedes Jahr treten die gleichen Fragen bei den Prüflingen und bei den zuständigen Ausbildungsbetreuern auf: Welche Standards gelten für diese Berufe? Welche Anforderungen gibt es für die Vorbereitung auf den Prüfungsteil A der Abschlussprüfung?

So reifte bei den beiden Autoren die Idee, einen Leitfaden für Auszubildende und deren Ausbildungsbetreuer in den IT-Berufen

- Fachinformatiker/-in
  Fachrichtung Systemintegration
  Fachrichtung Anwendungsentwicklung
- IT-System-Kaufmann/-Kauffrau
- Informatikkaufmann/-kauffrau
- IT-System-Elektroniker/-in

anzubieten, der die Vorbereitung auf den **Prüfungsteil A** erleichtern und über Prüfungs-regularien informieren soll.

Grundlage dazu ist die zurzeit geltende Verordnung über die Berufsausbildung im Bereich der Informations- und Telekommunikationstechnik vom 10. Juli 1997.

Prüfungsteil A (50 %)		Prüfungsteil B (50 %)		
Projektarbeit	Präsentation und Fach-gespräch	Ganzheitliche Aufgabe I	Ganzheitliche Aufgabe II	Wirtschafts- und Sozial-kunde
(50 %)	(50 %)	(40 %)	(40 %)	(20 %)

Die Prüfungsleistung Teil A wird mit 50 % des Gesamtergebnisses der Abschlussprüfung gewichtet. Die anderen 50 % entfallen auf die schriftlichen Prüfungen im Prüfungsteil B, wie aus der obigen Tabelle zu ersehen ist.

Die nachfolgenden Ausführungen beschäftigen sich ausschließlich mit dem **Prüfungs-teil A**, welcher aus der Projektdokumentation, der Präsentation und dem dazugehörigen Fachgespräch besteht.

Zahlreiche Informationen und Hinweise vieler Prüfer und Ansprechpartner bei verschie-denen Industrie- und Handelskammern sind in diese Broschüre eingeflossen. Besonderer Dank gilt dabei den Industrie- und Handelskammern von Frankfurt (Main), Berlin, Südlicher Oberrhein und Südthüringen, die regelmäßig bei der Aktualisierung dieses Leitfadens un-terstützen.

Anselm Rohrer   Ramona Sedlacek

1. Die Rahmenbedingungen

Bevor Ablauf und Inhalte der IT-Abschlussprüfung beleuchtet werden, sollen im ersten Kapitel die rechtlichen Grundlagen der IT-Berufe und der Prüfungen kurz erläutert werden. Dies dient nicht nur dem Verständnis weiter Teile dieses Buches, sondern zeigt auch auf, warum an einigen Stellen keine definitiven, allgemein gültigen Aussagen getroffen werden können. Zudem lässt es erkennen, worauf man sich im Streitfall berufen kann.

Die Rahmenbedingungen für eine Aus-, Fort- und Weiterbildung sind grundsätzlich im Berufsbildungsgesetz (BBiG) festgelegt. Für bestimmte Bereiche werden die dazugehörigen Berufsbilder speziell in ihren Verordnungen geregelt.

1.1 Verordnung über die Berufsausbildung im Bereich der Informations- und Telekommunikationstechnik

Die Ausbildungsstruktur ist in der Verordnung über die Berufsausbildung im Bereich der Informations- und Telekommunikationstechnik geregelt. Diese Verordnung wurde am 10. Juli 1997 erlassen und im Bundesgesetzblatt Nr. 48 ab Seite 1741f veröffentlicht.

1.2 Die Ausbildungsordnungen der IT-Berufe

In den staatlich anerkannten Berufen regeln sie den betrieblichen Teil der dualen Berufsausbildung. Im Gegensatz dazu wird der Berufsschulunterricht, der schulische Teil der dualen Berufsausbildung, unter Zuständigkeit der Bundesländer durch den Rahmenlehrplan festgelegt.

Für die IT-Berufe gibt es 5 Ausbildungsordnungen für 4 Ausbildungsberufe. Die gemeinsamen Vorschriften für alle vier Ausbildungsberufe – einschließlich der beim Fachinformatiker unterschiedlichen zwei Fachrichtungen – sind in den §§ 1 – 3 dargestellt.

Die §§ 4 – 27 regeln die jeweiligen Aufgabengebiete der vier Ausbildungsberufe:

- IT-System-Elektroniker/-in (§§ 4 – 9)
- Fachinformatiker/-in (§§ 10 – 15)
- IT-System-Kaufmann/-Kauffrau (§§ 16 – 21)
- Informatikkaufmann/-kauffrau (§§ 22 – 27)

Die geltenden Übergangs- und Schlussvorschriften für alle vier Ausbildungsberufe sind in den Paragraphen (§§ 28 – 30) dargestellt.

Hilfreich zur praktischen Umsetzung – auch im Hinblick auf den Prüfungsteil A – ist der Abschlussbericht des Entwicklungsprojektes IT-Prüfungen des Bundesministerums für Bildung und Forschung:

Umsetzungshilfen für die neue Prüfungsstruktur der IT-Berufe
Abschlussbericht
Bundesministerium für Bildung und Forschung, 1998 – 2000

2. Struktur der Prüfung

2.1 Bestandteile

Prüfungteil A		Prüfungteil B		
Projekt-dokumen-tation	Präsentation und Fachge-spräch	Ganzheit-liche Aufgabe I	Ganzheit-liche Aufgabe II	Wirtschafts- und Sozial-kunde

Am Ende der Ausbildung findet eine Abschlussprüfung statt, die sich in zwei Bereiche unterteilt:

– **Teil A**
beinhaltet die Durchführung und Dokumentation eines Projektes sowie die Präsentation und ein anschließendes Fachgespräch.

– **Teil B**
beinhaltet drei schriftliche Prüfungsfächer, die Kompetenzen in den Kernqualifikationen, Fachqualifikationen und im Bereich Wirtschafts- und Sozialkunde abfragen.

2.1.1 Teil A

Der Fokus dieses Buches liegt auf dem Prüfungsteil A mit allen Fragen, die damit im Zusammenhang stehen.

Darin spielen folgende Schritte eine Rolle:
- **Projektarbeitsthema finden**
  Zu Beginn steht die Suche nach einem Thema für das Projekt.
- **Projektantrag**
  Dieses Thema muss auf einem Antragsformular genauer spezifiziert und bei der regional zuständigen IHK eingereicht werden.
- **Genehmigung**
  Das Projekt wird durch eine Prüfungskommission auf alle relevanten Punkte hin getestet und, wenn es den Anforderungen entspricht, genehmigt.
- **Durchführung und Dokumentation des Projektes**
  Nun kann mit der Durchführung des Projektes begonnen werden. Die Projektplanung und -durchführung sowie das Ergebnis werden in einer Projektdokumentation festgehalten.
- **Abgabe der Projektdokumentation**
  Die Projektdokumentation wird bei der zuständigen IHK eingereicht. Diese leitet sie zu den Prüfern weiter, welche die Dokumentation bewerten.
- **Durchführung, Präsentation und Fachgespräch**
  An einem festgelegten Termin werden die Projektinhalte und Ergebnisse vor der Prüfungskommission präsentiert. Im Anschluss daran stellen die Prüfer in einem Fachgespräch Fragen zum Projekt.

2.1.2 Teil B

Wenn die erreichte Punktzahl im Prüfungsteil B nicht zum Bestehen ausreicht, gibt es unter bestimmten Bedingungen noch die Möglichkeit einer mündlichen Ergänzungsprüfung. Diese kann u. U. das Ergebnis der schriftlichen Prüfungen in Teil B so weit heben, dass es zum Bestehen ausreicht.

2.2 Zeitlicher Rahmen

Die genauen Termine der einzelnen Meilensteine zur Prüfung werden durch die IHKs bekannt gegeben. Wir helfen Ihnen an dieser Stelle, die wichtigsten Eckpunkte zur Prüfung zeitlich einzuordnen, um einen groben Überblick zu bekommen.

Die nachfolgende Abbildung zeigt – als Countdown – den letzten Prüfungstermin, an dem auch das Ergebnis feststeht, als Nullpunkt. Von diesem ausgehend werden die einzelnen Wochen zurückgezählt bis zur ersten Aktion.

So muss etwa 26 Wochen vor Präsentation und Fachgespräch der Projektantrag abgegeben werden. Dies setzt natürlich voraus, dass sich der Prüfungsteilnehmer zuvor einige Gedanken um Projektthema und -ablauf gemacht hat. Zwei bis drei Wochen später liegt die Genehmigung vor. Nun kann mit dem Projekt begonnen werden. Gleichzeitig läuft jedoch auch die Vorbereitung auf die schriftlichen Abschlussprüfungen. Dieser Termin lässt sich nur schwer einordnen, er liegt jedoch irgendwo zwischen der Genehmigung des Projektantrages und dem Abgabetermin der Projektdokumentation. Nach der Abgabe der Projektdokumentation sind es noch etwa zwei Monate bis zu Präsentation und Fachgespräch, womit die Prüfung dann in der Regel abgeschlossen ist.

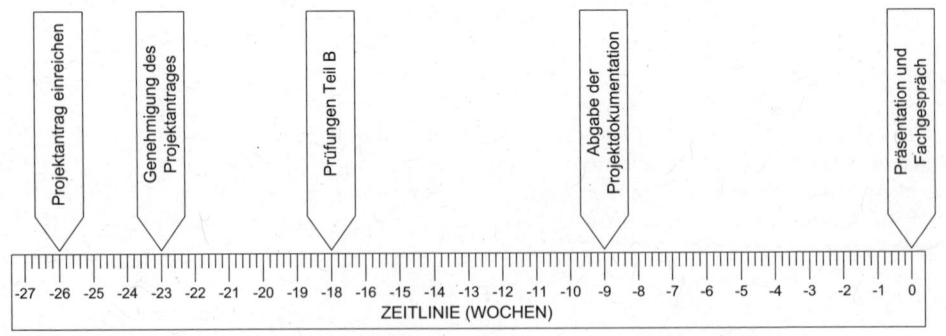

3. Projektdokumentation

Mit den IT-Berufen hielt auch eine neue Prüfungsstruktur Einzug. Es wird nicht mehr nur reines Wissen abgefragt. Sie müssen situative, handlungsorientierte Aufgaben lösen und Ihre Erfahrungen aus der Praxis einbringen. Und genau hier liegt Ihre Chance als Prüfungsteilnehmer. Während für den Prüfungsteil B einfach nur gelernt werden kann, bietet das Projekt die Möglichkeit, die Prüfung aktiv zu steuern. Der Prüfling kann (und sollte) ein Thema wählen, welches ihn interessiert, in dem er sich auskennt und bei dem ihm die Ausarbeitung Spaß macht.

Die Projektarbeit bestimmt 25 % der Abschlussnote. Deswegen lohnt es sich in die Planung, Durchführung und Dokumentation entsprechend Zeit zu investieren.

3.1 Was ist ein Projekt?

Im Allgemeinen versteht man unter einem Projekt eine einmalige Aufgabe mit einem klaren Ziel, einem definierten Beginn und einem Ende. Dieses Ziel soll mit begrenzten Mitteln erreicht werden.

Zur Verringerung der Komplexität zerlegt man Projekte in einzelne aufeinanderfolgende Teilaufgaben. Diese sogenannten Phasen steigern die Übersichtlichkeit und vereinfachen die Bearbeitung. In nachfolgender Tabelle sind die Phasen: Planung, Durchführung und Auswertung abgebildet. Diese drei Teilbereiche stellen die minimale Grundstruktur eines jeden Projektes dar. Jedoch ist es oft sinnvoll, die Struktur durch weitere Phasen zu detaillieren.

Phasenkonzept

So könnte beispielsweise bei einem Projekt „Angebotserstellung..." die „kundenindividuelle Beratung" oder die „Erarbeitung der Zielvorgaben mit dem Kunden" eine eigene Phase bilden.

PLANUNG	Im Vorfeld muss feststehen:
	
	– Welches Ziel soll erreicht werden?
	  (Soll-Zustand)
	– Wo befinden wir uns jetzt?
	  (Ist-Zustand, Ausgangssituation)
	– Welche Mittel stehen uns zur Verfügung?
	  (Ressourcen)
	– Wie erreichen wir unser Ziel?
	  (Prozess, Ablauf)

DURCH-FÜHRUNG	Wurden hierzu Antworten gefunden, kann die Umsetzung beginnen. Dabei wird versucht, mit den gegebenen Mitteln den Soll-Zustand zu erreichen.
AUSWER-TUNG	Zu guter Letzt bleibt die Nachbereitung, in der die Zielerreichung überprüft wird. Kommt es zu Abweichungen, müssen diese selbstverständlich begründet werden.

Speziell für den Bereich der IT-Projekte wurden eine ganze Reihe standardisierter Vorgehensmodelle mit vorgefertigten Projektphasen entwickelt. Die bekanntesten Vertreter bilden hier das V-Modell, das Wasserfallmodell und das Spiralmodell.

Ob bei der Projektarbeit nun ein standardisiertes Vorgehensmodell zum Einsatz kommt oder das Gesamtprojekt nach eigenen Vorstellungen unterteilt wird, ist unerheblich. Wichtig ist jedoch, überhaupt einzelne Phasen festzulegen. Dies ist nicht nur fester Bestandteil eines jeden Projektes. Es zeigt auch, dass der Projektleiter in der Lage ist, strukturiert zu arbeiten, d. h. eine komplexe Aufgabe in kleine, überschaubare Einheiten zu unterteilen, die miteinander zusammenhängen und alle der Erreichung des Projektzieles dienen.

In der Praxis hat die Projektdokumentation viele Aufgaben.

Wozu dient die Dokumentation?

Während des Projektes
- hilft sie allen Beteiligten den Überblick zu bewahren
- zeigt sie die bisherigen Ergebnisse
- listet sie die noch offenen Teilaufgaben auf
- unterstützt sie bei der Einhaltung von finanziellen und zeitlichen Vorgaben
- ermöglicht sie erst die effektive Einarbeitung weiterer Projektmitarbeiter

Nach dem Projekt
- ist sie ein Beleg für die geleistete Arbeit
- ermöglicht sie die Auswertung des Projektes und somit die Möglichkeit zu prüfen, ob die ursprüngliche Planung korrekt war. Auf diese Weise lassen sich Erfahrungen für die Planung weiterer Projekte sammeln.

Im Falle der Abschlussprüfung kommt noch ein weiterer Punkt hinzu, der für den Prüfungsteilnehmer selbstverständlich mehr zählt als alle genannten Aspekte: *Sie macht ein Viertel der Abschlussnote aus.*

Die Verordnung über die IT-Berufsausbildung und die Umsetzungshilfe für die neue Prüfungsstruktur der IT-Berufe sagen zur Projektdokumentation:

„Durch die Projektarbeit und deren Dokumentation soll der Prüfungsteilnehmer belegen, dass er Arbeitsabläufe und Teilaufgaben zielorientiert unter Beachtung wirtschaftlicher, technischer, organisatorischer und zeitlicher Vorgaben selbstständig planen und kundengerecht umsetzen sowie Dokumentationen kundengerecht anfertigen, zusammenstellen und modifizieren kann." [1]

„Die Ausführung der Projektarbeit wird mit praxisbezogenen Unterlagen dokumentiert. Der Prüfungsausschuss bewertet die Projektarbeit anhand der Dokumentation. Dabei wird nicht das Ergebnis – z. B. ein lauffähiges Programm – herangezogen, sondern der Arbeitsprozess." [2]

Was heißt das konkret?

Gerade die Vielzahl der Rahmenbedingungen macht die Durchführung eines Projektes erst kompliziert. Mit Zeit und Geld im Überfluss stellt die Erreichung des Projektziels kein Problem dar. Doch in der Praxis gibt es einige Aspekte, die dem Projektleiter die Arbeit nicht gerade erleichtern. So setzen wirtschaftliche, technische, organisatorische und zeitliche Vorgaben klar definierte Grenzen.

Im Rahmen des Projektes gibt es eine eindeutig definierte Aufgabe, die es zu erledigen gilt. Auf welchem Wege dies erreicht wird, spielt hierbei eine untergeordnete Rolle. Jedoch muss der Prüfungsteilnehmer zeigen, dass er in der Lage ist, nicht nur einfache Anordnungen auszuführen, sondern auch selbstständig zu planen.

Es wird geprüft, ob immer auf das Projektziel hin gearbeitet wird. Ein Projekt hat immer einen Kunden/Auftraggeber, der auf das Ergebnis wartet. Je nach Projektziel kann es sich hierbei um ein Angebot handeln, um Schulungsunterlagen, die Dokumentation einer Schnittstelle usw.

Ziel ist es, das Projektergebnis so darzustellen, dass der Kunde dies auch versteht. Welche Kenntnisse besitzt er? Was interessiert ihn? Was muss er wissen, um mit dem erstellten Programm, dem Angebot, der Schulung zurechtzukommen?

Jeder, der schon einmal ein Projekt durchgeführt hat weiß, dass sich während des Projektablaufs Rahmenbedingungen ändern können. Veränderte Zielvorgaben ("der Kunde hat es sich anders überlegt") sowie Ressourcen ("Herr Maier kann Ihnen nicht mehr zuarbeiten, er wird kurzfristig anderweitig benötigt") können den Projekterfolg gefährden.

Niemand erwartet vom Prüfungsteilnehmer, dass er jedes Projekt in jeder Situation zum Erfolg führt.

Was aber erwartet wird ist, dass
- realistische Annahmen getroffen werden
- immer konsequent auf das Projektziel hin gearbeitet wird
- plötzlich auftretende Hürden erkannt werden und darauf angemessen reagiert wird

3.2 Formale Vorgaben

Zur Beantwortung der wichtigsten Fragen rund um die Projektarbeit machen die regionalen IHKs verschiedene Vorgaben. Diese orientieren sich meist an der Umsetzungshilfe des Bundesministeriums für Bildung und Forschung (bmb+f). Nachdem mittlerweile jedoch einige Praxiserfahrungen mit den Prüfungen vorliegen, hat so manche IHK die Rahmenbedingungen den Erfahrungen angepasst. An dieser Stelle wird Ihnen ein Leitfaden an die Hand gegeben. Die Mühe, sich über die in der eigenen Region gültigen Vorgaben zu informieren, lohnt jedoch. Gerade was die äußere Gestaltung betrifft (Schriftart, Schriftgrad, Zeilenabstand, Eidesstattliche Erklärung, Quellenverzeichnis…), unterscheiden sich die Vorstellungen der IHKs zum Teil recht stark voneinander. In der Regel sind auch die Berufsschullehrer mit diesen Anforderungen vertraut. Sie sollten detaillierte Auskunft geben können.

Umfang der Arbeit

Zur Anzahl der Seiten, die eine Projektdokumentation umfassen darf, schlägt die Umsetzungshilfe des bmb+f einen Umfang von maximal 10 bis 15 Seiten vor. Es ist jedoch erlaubt, sog. erläuternde Darstellungen in den Anhang auszulagern. [2]

Die Prüfungsregelung in Nord-Westfalen nimmt es da genauer. Hier darf eine Zahl von 10 Seiten (15 Seiten für Fachinformatiker/Anwendungsentwicklung) nicht überschritten werden. Der Anhang darf höchstens 30 Seiten lang sein. [3]

Die IHK Südlicher Oberrhein hingegen begrenzt nur den Gesamtumfang der Dokumentation inkl. Anhang auf max. 30 Seiten. [4]

Mit einer Projektarbeit von 10 Seiten und einem Gesamtumfang von 30 Seiten liegt man in der Regel recht gut. Die angegebene Seitenzahl reicht aus, um ein Projekt im geforderten Umfang zu dokumentieren. Ein noch größerer Anhang ist nicht sinnvoll. Da nur Dokumente in den Anhang sollten, die auch tatsächlich relevant für die Arbeit sind, wird dieser größtenteils deutlich kleiner ausfallen. Die beiden Beispiele zeigen, wie unterschiedlich die regionalen IHKs diesen Punkt handhaben. Dadurch ist es unerlässlich, sich jeweils vor Ort noch einmal nach den derzeit geltenden Regelungen zu erkundigen.

Die IHKs begrenzen den Umfang der Arbeit nur nach oben. Dies sollte aber nicht dazu verleiten, eine 3-seitige Dokumentation zu schreiben. Niemand ist in der Lage, auf drei Seiten alle geforderten Punkte sinnvoll abzuhandeln.

Für viele Prüfungsteilnehmer hören sich 10 Seiten erst einmal nach extrem viel Papier an. Sie haben Angst, diese nicht mit Leben füllen zu können. Dass dies größtenteils unbegründet ist, stellt sich nach Beginn der Dokumentation schnell heraus. Meist stellt die maximale Seitenzahl das Problem dar.

Also

Kurz fassen und auf Kernaussagen konzentrieren.

Wie wird die Dokumentation aufgebaut?

Während der Beurteilung der Projektarbeit durch die Prüfer sind unter anderem auch die äußere und inhaltliche Form von Bedeutung. Mit der Beachtung einiger Grundregeln kann man recht einfach die maximale Punktzahl für die Gestaltung der Projektdokumentation erzielen. Die einzelnen Bestandteile sind nachfolgend in der Reihenfolge aufgelistet, in der sie auch in der Projektarbeit vorkommen sollten.

Deckblatt

Eine gute Dokumentation überzeugt durch den Inhalt. Es ist absolut unnötig, ja sogar schädlich, ihr die Aufmachung einer Boulevardzeitung zu verpassen. Man kann bei so manchem Deckblatt den Eindruck gewinnen, dass dort die Word ClipArt Gallery besser beworben wird, als Microsoft dies selbst je könnte.

Auf jeden Fall auf die Vorderseite der Arbeit gehören:

- Der eigene Name
- Ausbildungsbetrieb mit Anschrift
- Thema
- Funktion und Adressat der Arbeit sowie Ausbildungsberuf (Projektdokumentation zur Erlangung des Abschlusses im Beruf ... vor der Industrie- und Handelskammer ...)
- Ort und das Datum, an dem die Dokumentation abgegeben wird.

Ob das Logo des Ausbildungsbetriebes noch mit aufgebracht wird, ist nebensächlich. Falls vorhanden, kann – um die Gestaltung ein bisschen aufzulockern – dezent eine Abbildung integriert werden. Diese muss jedoch direkt zum Titel der Projektarbeit passen (die Telefonanlage, um deren Konfiguration sich die Arbeit dreht oder die Software, für welche ein Schulungskonzept entworfen wird oder Ähnliches) und darf nicht zu aufdringlich wirken.

Kopf- und Fußzeile bleiben leer!

So z. B. kann das Deckblatt einer Projektarbeit aussehen:

Justin Müller
Grabenstraße 52
12345 Burghausen

Projektdokumentation

Zur Erlangung des Abschlusses im Beruf IT-System-Kaufmann
vor der Industrie- und Handelskammer Südlicher Oberrhein GmbH

Thema:

Microsoft Office –
Planung und Vorbereitung einer Schulung

Ausbildungsbetrieb:
Kurzschluss OHG
Ritterweg 2
12345 Burghausen

Burghausen, Dezember 20..

Inhaltsverzeichnis

Das Inhaltsverzeichnis gibt die einzelnen Überschriften der Abschnitte aus der Arbeit wieder. Die Gliederungspunkte (1, 2, 2.1, 2.2 usw.) gehören dazu. Außerdem sind die Seitenzahlen anzugeben.

Jeder Anhang ist fortlaufend zu nummerieren und im Inhaltsverzeichnis aufzuführen.

Das klingt zwar recht einfach, trotzdem haben die Autoren als Prüfer bereits Prüfungen erlebt, bei denen mehr als die Hälfte der Arbeiten keine korrekten Inhaltsverzeichnisse aufwiesen. Der größte Fehler bestand darin, dass die Formulierungen im Inhaltsverzeichnis nicht mit den Überschriften im Text übereinstimmten. Zum Teil waren die Seitenzahlen nicht korrekt oder es gab nicht einmal Seitenzahlen. Einem Prüfer drängt sich so gleich zu Beginn der Korrektur die Frage auf: Wie viel Arbeit hat sich der Autor mit seinem Projekt wohl gemacht?

So z. B. kann das Inhaltsverzeichnis aussehen:

Microsoft Office – Planung und Vorbereitung einer Schulung

Inhaltsverzeichnis

Justin Müller 2

Abbildungs-,
Tabellen-,
Abkürzungs-
verzeichnis

Prinzipiell vereinfacht es den Umgang mit einer Ausarbeitung, wenn man auch einen Überblick über verwendete Abbildungen und Tabellen hat.

Der Umfang einer Projektarbeit ist allerdings nicht so groß, dass die Suche nach einer Grafik oder einer Tabelle ein wirkliches Problem darstellt. Daher ist hier ein Abbildungs- und ein Tabellenverzeichnis meist unnötig.

Was jedoch auf jeden Fall mit angegeben werden sollte, ist das Abkürzungsverzeichnis. Darin werden alle im Text vorhandenen Abkürzungen erläutert, die nicht im Duden oder vergleichbaren Standardwerken aufgeführt sind. Dies verleitet aber ganz schnell dazu, vieles als bekannt vorauszusetzen. Während „IHK" noch für alle verständlich sein sollte und man auch mit „TCP/IP" noch etwas anfangen kann, kann dies bei „ERM", „CRM" schon nicht mehr vorausgesetzt werden.

Im Zweifel gilt:

Lieber mehr als zu wenig. Es kann kein Prüfer Punkte abziehen, wenn bis einschließlich „IHK" jede verwendete Abkürzung in das Abkürzungsverzeichnis übernommen wird.

Vorsicht !

Zum Teil werden Abkürzungen mit unterschiedlicher Bedeutung verwendet. D. h. in völlig unterschiedlichen Bereichen gibt es für verschiedene Begriffe die gleiche Abkürzung. Eigentlich sollte der logische Menschenverstand bereits dafür sorgen, dass jemand, der über eine Microsoft-Domäne schreibt, „ADS" nicht mit „Aufmerksamkeitsdefizitsyndrom" übersetzt. Trotzdem kommen derartige Fälle immer wieder vor. In einer den Autoren bekannten Projektdokumentation, in der es um die Einführung eines ERP-Programmes (Enterprise Resource Planning) ging, hat der Autor für diese Abkürzung „European Recovery Program (Europäisches Wiederaufbauprogramm)" angegeben.

Bei derartigen Patzern stellt sich recht schnell die Frage, ob der angebliche Autor die Arbeit auch tatsächlich selbst geschrieben hat.

Beispiel: Abkürzungsverzeichnis

Microsoft Office – Planung und Vorbereitung einer Schulung

Abkürzungsverzeichnis

ASP	Active Server Pages
CBT	Computer Based Training
GUI	Graphical User Interface
HTML	Hypertext Markup Language
OSD	On Screen Display
ROI	Return on Investment
WBT	Web Based Training

Im Anschluss an die Verzeichnisse beginnt nun der Text der eigentlichen Ausarbeitung. Hiermit beschäftigen sich die Kapitel 3.5 und 3.6 genauer.

Inhalt

Gegebenenfalls kann es wichtig sein, Fachbegriffe näher zu erläutern. In den meisten Fällen ist dies allerdings nicht relevant. Im Prüfungsausschuss kann umfangreiches Fachwissen vorausgesetzt werden. Ein Prüfer, der z. B. keinerlei Kenntnisse von Datenbanken hat, sollte keine Projektarbeit zur Erstellung eines komplexen Datenbankmodells korrigieren.

Glossar

Trotzdem gibt es einige Fälle, in denen die Erklärung von Fachbegriffen sinnvoll ist.

– Fachbegriffe, die in der Projektarbeit eine Rolle spielen und nicht zum allgemeinen IT-Sprachgebrauch gehören, sind anzugeben: So etwas kommt häufig bei Branchensoftware vor.

– Dient die Projektarbeit z. B. als Entscheidungsgrundlage für die Geschäftsleitung, so sind alle Begriffe, die voraussichtlich der Geschäftsleitung nicht so geläufig sind, so in einem Glossar zu definieren, dass der Adressat mit den Wortbedeutungen auch etwas anfangen kann.

– Begriffe, die auch im IT-Bereich nicht alltäglich sind, sollten kurz erläutert werden, z. B., wenn bei der Vernetzung von Rechnern plötzlich „Potenzialunterschiede" auftreten.

– Einige Begriffe werden unterschiedlich verwendet. Es ist somit zu klären, wie sie innerhalb der Projektarbeit verstanden werden. Unter E-Learning beispielsweise wird von verschiedenen Personen oft etwas Unterschiedliches verstanden.

Sollte es sich nur um wenige Fachbegriffe handeln, so ist es übrigens besser, diese direkt an der Stelle zu erklären, an der ein Begriff im Text vorkommt. Andernfalls ist zu einem Glossar zu raten, in dem die Begriffe alphabetisch sortiert aufgeführt sind.

Anhänge

Ob einzelne Dokumente in den Anhang ausgelagert werden, ist oft Ermessenssache. Grundsätzlich gilt: Jede Grafik, Tabelle oder sonstige Dokumente, die den Lesefluss in der eigentlichen Ausarbeitung stören, werden in den Anhang verbannt. Bei Angeboten, Rechnungen oder Dokumentationen ist dies eindeutig. Aber was macht man beispielsweise mit einem Ablaufdiagramm? Besteht dieses aus nur fünf Elementen, so wird es wahrscheinlich besser in den Fließtext passen. Umfasst es jedoch mehr als eine Seite, gehört es eindeutig in den Anhang.

Da die meisten IHKs nur die maximale Seitenzahl für die eigentliche Ausarbeitung angeben, jedoch nicht für den Anhang, macht sich die Unsitte breit, einer zehnseitigen Arbeit einen Anhang von 30 Seiten „zu spendieren". Es bietet sich zwar an, eine zu lange Arbeit dadurch zu kürzen, dass jegliche Tabellen und Grafiken in den Anhang verschoben werden, allerdings ist dies ein sehr schlechter Stil. Was der Leser unbedingt zum Verständnis des Textes benötigt, sollte ihm auch direkt dort dargeboten werden.

Quellen

Ein guter Projektleiter zeichnet sich unter anderem dadurch aus, dass er in der Lage ist, Erkenntnisse anderer in seine Arbeit mit einzubeziehen. Er erfindet das Rad also nicht jedes Mal neu. Informationen aus Büchern, Zeitschriften, dem Internet oder gar aus persönlichen Gesprächen können für die Projektarbeit sehr nützlich sein.

So bietet es sich beispielsweise bei einer Evaluierung (Auswahl) von Standardsoftware zur Arbeitszeitverwaltung an, die technischen Daten der einzelnen Produkte der Website oder den Handbüchern des Herstellers zu entnehmen. Lässt sich zusätzlich noch ein Produkttest in einer Zeitschrift oder ein Bericht im Internet auffinden, so können diese Informationen selbstverständlich einfließen.

Hierbei müssen jedoch zwei Dinge beachtet werden:

– Was kann als Quelle dienen?
– Wie werden Quellen gekennzeichnet?

Artikel aus Fachzeitschriften können meist bedenkenlos als Quelle herangezogen werden. Vorsicht ist allerdings mit Berichten auf privaten Seiten im Internet geboten. Hier kann jeder billigst veröffentlichen, was ihm gerade in den Sinn kommt. Wenn der Autor eines solchen Artikels nicht wenigstens durch eine entsprechende Ausbildung nachweisen kann, dass er weiß, wovon er spricht, sollte man die Finger davon lassen.

Weniger gut bewertete Projektarbeiten von ehemaligen Prüfungskandidaten schließen sich natürlich von selbst aus.

Persönliche Gespräche sollten in das Quellverzeichnis dann einfließen, wenn sie eine Information enthalten, die für das Projekt von grundlegender Bedeutung ist, z. B. wenn ein Vorgesetzter Änderungen im Projektziel anordnet.

Die Quellen müssen so dargestellt werden, dass sie ein Dritter jederzeit wieder auffinden kann. Es gibt unterschiedliche Zitierformen. Die einfachste, die sich immer mehr durchsetzt, ist auch in vielen Zeitschriften zu finden. Hierbei werden alle zitierten Quellen im Literaturverzeichnis aufgelistet und fortlaufend durchnummeriert. Innerhalb der eigentlichen Arbeit sind die Stellen, an denen eine Quelle verwendet wurde, mit der entsprechenden Nummer in eckigen Klammern gekennzeichnet.

Als Beispiel für eine derartige Zitierweise dient dieses Buch.

Um die einzelnen Quellen im Literaturverzeichnis eindeutig zu identifizieren, sind folgende Angaben nötig:
– Bei einem Buch:
  Autor; Titel; Verlag; Erscheinungsjahr; ggf. Auflage
– Bei einem Artikel aus einer Zeitschrift:
  Autor; Artikelüberschrift; in: Titel der Zeitschrift; Jahrgang; Ausgabe; Seitenzahlen
– Internet:
  Autor; Artikelüberschrift; genaue URL; Abrufdatum
– Bei einem persönlichen Gespräch:
  Person, persönliches Gespräch vom ... (Datum), Ort

Ist der Autor eines Artikels nicht erkennbar, so gibt man einfach die Firma bzw. Institution an, die den Artikel herausgebracht hat. Dies ist z. B. in Werbeprospekten und Handbüchern oft der Fall.

Werden, wie bei Zitaten aus Zeitschriften, die Seitenzahlen mit angegeben, so steht:

S. 5   ausschließlich für die Seite 5
S. 5f.   (folgende Seite) für die Seiten 5 und 6
S. 5ff.   (folgende Seiten) für die Seiten 5, 6 und alle
          folgenden Seiten

Microsoft Office – Planung und Vorbereitung einer Schulung

Literaturverzeichnis

[1] Ballauf, Helga

Bildungs-Outsourcing birgt Risiken; http://www.computerwoche.de/index.cfm?pageid=257&artid=60085; Abrufdatum: 29.07.20..

[2] Kurzschluss OHG

Geschäftsbericht; http://www.kurzschluss-ohg.de/bericht.html; Abrufdatum: 03.10.20..

[3] Witte, Dominik

Eingeschränkter Zugriff; in: ix – Magazin für professionelle Informationstechnik; 20..; Ausgabe 10; S. 128ff

[4] Broszat, Gabriele

Office XP – durchBlick! . Mit Bildern lernen; Markt + Technik; 20..; Ausgabe 1

[5] Müller, Gunnar

Persönliches Gespräch vom 30.07.20.., Offenburg

[6] Microsoft Deutschland GmbH

Geschäftsführung; http://www.microsoft.com/germany/office/imeinsatz/geschäftsführung3.mspx; Abrufdatum: 07.09.20..

Bei der eidesstattlichen Versicherung bzw. eidesstattlichen Erklärung gibt es in der Regel keinen inhaltlichen Spielraum. Der Text wird von den meisten IHKs verbindlich vorgegeben. Zum Teil geben diese sogar vorgefertigte Formulare aus. Südthüringen beispielsweise möchte derzeit folgenden Wortlaut sehen:

Eidesstattliche Versicherung bzw. Erklärung

„Ich versichere durch meine Unterschrift, dass ich den betrieblichen Auftrag und die dazugehörige Dokumentation selbstständig und ohne Hilfe in der vorgegebenen Zeit erarbeitet habe. Alle Stellen, die ich wörtlich oder annähernd wörtlich aus Veröffentlichungen entnommen habe, wurden von mir als solche kenntlich gemacht.

Ebenso bestätige ich, dass ich bei der Erstellung der Dokumentation meines betrieblichen Auftrages weder teilweise noch vollständig Passagen aus betrieblichen Aufträgen übernommen habe, die bei der prüfenden oder einer anderen Kammer eingereicht wurden." [5]

Neben Ort und Datum sind zwingend auch die Unterschriften von Prüfungsteilnehmer und Ausbildungsbetreuer im Betrieb nötig.

Achtung:

*In vielen Fällen muss jeder Kopie der Dokumentation, die der IHK zugesandt wird, eine eidesstattliche Versicherung bzw. eidesstattliche Erklärung **im Original** beiliegen. Sie darf also nicht einmal unterschrieben und dann kopiert werden.*

Das Beifügen des Projektantrages wird von vielen IHKs vorgeschrieben. Auch wenn eine regionale IHK dies nicht ausdrücklich wünscht, erleichtert es den Prüfern die Korrektur, wenn sie die Arbeit mit dem Antrag vergleichen wollen. Eine Kopie des Antrages bietet die Möglichkeit positiv aufzufallen.

Antrag für betriebliche Projektarbeit

Gestaltung

Die optisch ansprechende Darstellung ist nicht nur für den ersten Eindruck wichtig, sie fließt auch mit in die Bewertung ein.

Seiten- und Schriftformat

Das Papierformat sollte selbstverständlich DIN A4 sein. Was jedoch Formatierungsvorgaben wie Seitenränder und Schrift betrifft, gibt es wahrscheinlich so viele Kombinationen wie regionale IHKs in Deutschland.

Also:
Vor Ort noch einmal nachfragen! In der Regel liegen die Seitenränder bei 30 mm, die Schriftgröße bei 12 pt, der Zeilenabstand bei 1,5 Zeilen und die Schriftart sollte eine gut lesbare Proportionalschrift (z. B. Arial) sein.

Wenn der Prüfungsteilnehmer in einem Bereich einen gewissen Spielraum hat (wie Block- oder Flattersatz bzw. genaue Wahl der Schriftart), so muss dies auch durch die ganze Arbeit konsequent durchgehalten werden. Gerade bei der nachträglichen Formatierung werden in vielen Projektarbeiten einzelne Absätze vergessen. Es sind dann alle Absätze als Blocksatz dargestellt, nur einer als Flattersatz. Oder die Überschriften sind in Times New Roman und der Text ist in Arial.

Seitenumbruch

Jedes der oben genannten Strukturelemente (Deckblatt, Inhaltsverzeichnis, Literaturverzeichnis usw.) sowie die einzelnen Themen der ersten Gliederungsebene im Fließtext beginnen auf einer neuen Seite.

Tabellen

Die Schriftgröße innerhalb der Tabellen kann in der Regel von der im Text abweichen. Gerade wenn viele Spalten angezeigt werden, kommt man mit einer 10 pt Schriftgröße oft besser zurecht.

Wichtig ist jedoch, dass **alle Tabellen identisch formatiert** sind.
- Die Tabellen sind entweder linksbündig oder zentriert.
- Sie haben alle die gleiche Schriftart und -größe.
- Sind Spaltenüberschriften fett, dann auch alle Überschriften in allen Tabellen.

Gerade wenn Tabellen mit Formeln aus Tabellenkalkulationsprogrammen in Textverarbeitungsprogramme importiert werden, können Fehler bei der Berechnung und Aktualisierung auftreten. Das Nachbauen von Tabellen in der Textverarbeitung ohne Formeln schützt vor bösen Überraschungen. Diese lassen sich auch meist einfacher formatieren.

Auf keinen Fall sollten Markierungen aus Excel (grüne oder rote Ecken) in den Tabellen der Projektdokumentation auftauchen, außer dies ist Absicht und der Prüfling nimmt im Text Bezug auf die so markierten Zellen.

Grafiken

Wie die Tabellen erhalten auch **alle Grafiken ein identisches Erscheinungsbild**. Dies lässt sich am besten dadurch erreichen, dass alle Diagramme oder sonstige Grafiken möglichst mit der gleichen Software erstellt werden. Beim Importieren in das Textverarbeitungsprogramm ist dann darauf zu achten, diese nicht automatisch an den verfügbaren Platz anzupassen. Wenn eine Grafik mit 80 Prozent der Originalgröße dargestellt wird, dann gilt dies für die anderen genauso. Werden alle Grafiken der Dokumentation nebeneinander gelegt, so müssen sie alle die gleiche Schrift in der gleichen Größe aufweisen. Kästchen, Kurven, Pfeile etc. haben die gleiche Form, Liniendicke usw.

Kopf- und Fußzeile

Ihr Zweck liegt in erster Linie darin, falls einzelne, lose Blätter auftauchen, diese der richtigen Arbeit in der richtigen Reihenfolge zuordnen zu können. Und genau hierauf sollten sich Kopf- und Fußzeilen auch beschränken.

In die Kopfzeile gehört der Titel der Arbeit. Er sollte linksbündig oder zentriert werden. Die Schriftgröße ist identisch mit der im Fließtext, maximal noch ein bisschen kleiner, aber nicht größer. Ein horizontaler Strich kann sie optisch gut vom Rest abtrennen.

Auf keinen Fall sollten die Überschriften der Kapitel dort auftauchen. Die Dokumentation ist zu kurz, als dass es nötig wäre, Orientierungshilfen zu bieten.

Die Fußzeile enthält linksbündig den Namen des Autors und rechts die Seitenzahl. Die Schriftgröße sollte der der Kopfzeile entsprechen. Auch die Fußzeile kann durch einen horizontalen Strich vom Fließtext getrennt werden. Dies ist bereits völlig ausreichend. Zur Illustration wurde diese Seite des Buches auf diese Weise formatiert (s. u.: Beispiel einer Fußzeile).

Einige Firmen schreiben die Gestaltung von Dokumenten im Corporate Design vor. In diesem Fall gibt es natürlich keinen Spielraum und die Vorgaben des Ausbildungsbetriebes sind bindend.

3.3 Thema

Ein sehr großer Teil der Prüfungsteilnehmer wagt es gar nicht, an die Auswahl eines Projektthemas zu denken. Es drängen sich Fragen auf, wie: Ist das Thema nicht zu schwer? Oder gar zu leicht für eine Projektarbeit? Kann man so ein Thema überhaupt nehmen?

Spätestens, wenn dann immer mehr Kollegen von ihrem Thema erzählen, man selbst aber noch keine eigene Vorstellung hat, was man machen soll, gerät man langsam in Panik.

Beginnen Sie also früh genug mit der Sammlung und Auswahl potenzieller Themen. Schließlich bestimmen Sie damit den Prüfungsteil A in entscheidender Weise.

Im Gegensatz zum Teil B der Abschlussprüfung kann in der Projektarbeit das Thema selbst gewählt werden. Kein Prüfungsausschuss, kein Lehrer macht sich im „stillen Kämmerlein" Gedanken darüber, welche Fragen seine Kandidaten zu beantworten haben. Dies bietet die große Chance, ein Projekt in einem Bereich zu wählen, in dem sich der Prüfungsteilnehmer auskennt und ein Thema, das Spaß macht. Wird das Thema jedoch falsch gewählt, so macht man sich das Leben unnötig schwer und verbaut sich den Weg zu einer guten Note. (Siehe dazu Näheres unter „Themenfindung")

Der Ausbildungsbetrieb

Das Engagement der Ausbildungsbetriebe ist sehr unterschiedlich. Im Idealfall hat der Betrieb erkannt, dass sich aus der Kombination einer anstehenden Aufgabe im Betrieb mit dem Know-how des Auszubildenden ein ideales Projektthema bilden lässt. Leider gibt es aber auch immer wieder Ausbildungsbetreuer, die erklären, dass der Betrieb gerade kein Projekt hat, dass sie überhaupt keine Projekte machen, dass man in 35 bzw. 70 Stunden kein Projekt realisieren kann usw.

Lassen Sie sich davon nicht beirren: **Es gibt kein Unternehmen, welches kein Projekt für seinen Auszubildenden hat.** (Falls es dies doch geben sollte, steht es wahrscheinlich kurz vor der Insolvenz.)

Themenfindung

Bei der Suche nach einem geeigneten Thema für die Projektarbeit ist es wichtig, dass Auszubildender und Ausbilder eng zusammenarbeiten. Ein Thema, welches eine fiktive Aufgabenstellung behandelt und nur für den Zweck der Prüfung erdacht wurde, bringt keinen Mehrwert für den Betrieb und wenig Motivation für den Auszubildenden. Es macht keinen Spaß, ein Projekt für den Papierkorb zu erstellen. Idealerweise wird durch die Projektarbeit eine aktuelle betriebliche Aufgabenstellung behandelt.

Innerhalb der Ausbildung werden die unterschiedlichsten Aufgaben erledigt. Ein ideales Projektthema kommt aus einem Bereich, der während der Ausbildung Spaß gemacht hat. Es sollte den Stärken des Auszubildenden entsprechen. Vorsicht ist geboten bei Themen, mit denen man sich „immer mal auseinander setzen wollte". Die Projektarbeit muss nach der Präsentation dem Prüfungsausschuss gegenüber „verteidigt" werden. Hierbei werden grundlegende, aber auch weiterführende Fragen zur Projektarbeit gestellt. Für eine gute Prüfung ist es unerlässlich, dass der Prüfungskandidat in den gewählten Themenbereichen sattelfest ist. Fragen über die Projektarbeit hinaus werden mit größter Wahrscheinlichkeit kommen.

Projektarbeitsthemen können aus den unterschiedlichsten Ideen heraus entstehen.

Ein typisches Thema ist eine gerade vorliegende Anfrage eines externen Kunden, z. B. *„Konzeption und Realisierung einer Softwarelösung zum Klonen von Rechnern mittels Norton Ghost für eine Schule"*.

In der Praxis sind leider nicht alle Kunden damit einverstanden, so lange auf eine Lieferung zu warten, bis es einem Prüfungsausschuss einfällt ein Projektthema zu genehmigen, abzulehnen oder Auflagen zu machen. Somit ist Vorsicht geboten mit Anfragen, die in möglichst kurzer Zeit umgesetzt sein sollten. *„Verkauf eines Multimedia PC an einen Kunden"* ist ein solcher Fall, sofern der Kunde davon ausgeht, dass er den Rechner spätestens übermorgen mitnehmen kann. Eher selten wird sich der Kunde darauf einlassen, dass er seinen neuen Computer erst nutzen kann, wenn ein Prüfungsausschuss über die Genehmigung des Projektarbeitsthemas entschieden hat.

Der Auftraggeber kann jedoch auch aus dem eigenen Unternehmen kommen. So kann sich aus der Frage *„Ist es besser, die neue Zweigstelle per Terminalserver in der Zentrale arbeiten zu lassen, statt wie bisher Server vor Ort zu stellen?"* das Projektarbeitsthema: *„Wirtschaftlichkeitsbetrachtung einer Terminalserverlösung zur Anbindung einer neuen Zweigstelle"* ergeben.

Doch was, wenn im Moment gerade neben dem täglichen Trott derartige Fragestellungen überhaupt nicht auftauchen? Wer wartet, bis ihm ein Projekt in den Schoß fällt, muss sich nicht wundern, wenn ihm kurz vor knapp ein Thema aufgedrängt wird, mit welchem er nichts anzufangen weiß. Viel geschickter ist es, mit ein bisschen Feingefühl in den Arbeitsalltag zu hören.

– Kommen möglicherweise Anwender mit Teilen der eingesetzten Software nicht zurecht?
Welche Teile machen Schwierigkeiten?
Sollten die Anwender geschult werden?
Gibt es derartige Schulungen auf dem Markt?
Führen wir die Schulung selbst durch?

– Welche Aufgaben fallen ständig an, sind stupide und benötigen viel Zeit?
Können diese Aufgaben automatisiert werden?
Können wir sie dann schneller, günstiger und/oder mit geringerer Fehlerquote ausführen?

– Wo können wir den Kunden besser bedienen?
Haben wir Informationen, über die sich Kunden freuen würden, wenn sie elektronisch zur Verfügung stünden?
Ist dies mit annehmbarem Aufwand für uns machbar?

– Könnten wir effektiver arbeiten, wenn wir etwas anders machen würden?
Müssen wir intern Aufträge 7-mal an verschiedenen Stellen ausdrucken und abheften?
Würde unsere Faktura automatisch Auftragsbestätigungen per Mail an Kunden versenden, müssten diese nicht so oft anrufen.

Vor allem in größeren Unternehmen werden laufend Projekte durchgeführt, wobei die meisten davon für eine Projektarbeit von 35 bzw. 70 Stunden viel zu umfangreich sind. In derartigen Projekten fallen jedoch immer wieder interessante Teilaufgaben an.

Es ist selbstverständlich möglich, eine solche Teilaufgabe innerhalb eines großen Projektes zu übernehmen. Grundvoraussetzung dabei ist, dass diese Aufgabe genau abgegrenzt werden kann. D. h. es muss ein klarer Auftrag formuliert werden. Es muss klar sein, von welcher Ausgangssituation welches Ziel erreicht werden soll. Dann nennt man das große *Projekt* einfach *Gesamtprojekt* und dessen *Projektleiter Gesamtprojektleiter*, die abgegrenzte *Teilaufgabe Teilprojekt* und den *Prüfungskandidaten Teilprojektleiter*.

Es lohnt sich, einfach mal bei den Projektleitern interessanter Projekte vorbeizuschauen und sich mit ihnen über ein mögliches Projektarbeitsthema zu unterhalten.

Gerade bei den System- und Informatikkaufleuten kommen auch kaufmännische Themen in Betracht. Regelmäßig steht in Betrieben die Frage im Raum, ob eine neue Software für eine bestimmte Aufgabe eingesetzt werden soll. Diese Fragestellung fordert eine Wirtschaftlichkeitsbetrachtung geradezu heraus.

– Welche Eigenschaften muss ein solches Programm besitzen?
– Was gibt es auf dem Markt?
– Welches Produkt wäre am sinnvollsten?
– Bringt dieses Produkt einen höheren Mehrwert als es kostet?

Bei sehr umfangreicher Software kann auch schon die Frage, ob eine Migration auf eine neue Version sinnvoll ist, eine Projektarbeit füllen.

Vorsicht bei der Formulierung

Der Titel spiegelt das Thema der Projektarbeit wider. Er sollte nicht fahrlässig gewählt werden.

Ein Beispiel aus der Realität:

Eine Projektarbeit dreht sich um ein Multifunktionsgerät zum Fernsehen, Aufnehmen und Abspielen von Filmen sowie Abrufen von E-Mails. Sie beleuchtet die technische und finanzielle Seite des Produktes. An sich gesehen liegt die Arbeit im Bereich einer guten Zwei. Sie hat den Titel: „Planung, Durchführung und Auswertung einer Marktanalyse". Eine Marktanalyse wird in der Arbeit zwar kurz behandelt, stellt aber nicht das zentrale Thema dar. Diese Arbeit hat das Thema verfehlt! Der ganze Aufwand war umsonst. Und noch viel ärgerlicher ist, dass bei einem anderen Titel eine gute Note herausgekommen wäre.

Der Titel der Arbeit muss das zentrale Thema der Projektarbeit sein.

Es lohnt sich also, den Titel genauer zu überdenken. Eine gute Methode zur Überprüfung, inwieweit sich der Titel für die Projektarbeit eignet, ist es, einem unbeteiligten Dritten den Titel vorzulegen und ihn zu fragen, was er sich darunter vorstellt. Diese Person sollte natürlich nichts über das Projekt wissen. Ist sie nun in der Lage, vom Titel auf den Inhalt zu schließen, dann kann der Titel nicht falsch sein.

Rechtliche Grenzen

Die Projektarbeit muss sich in folgendem Rahmen bewegen:

- Sie muss der Ausbildungsverordnung entsprechen
- Sie muss anspruchsvoll genug, aber in 35 bzw. 70 Stunden machbar sein
- Sie muss eine abgrenzbare Aufgabe oder Teilaufgabe behandeln
- Sie muss vor Beginn durch den Prüfungsausschuss der IHK genehmigt sein.

In der Ausbildungsverordnung gibt es für jeden Ausbildungsberuf einen eigenen Abschnitt.

Relevant sind die Paragrafen: § 9   (IT-System-Elektroniker),
      § 15 (Fachinformatiker),
      § 21 (IT-System-Kaufleute),
      § 27 (Informatikkaufleute).

Aus Absatz 1 geht hervor, dass das Thema der Abschlussprüfung, und somit auch der Projektarbeit, im Rahmen des vermittelten Stoffes aus Schule und Betrieb liegen muss. Dieser orientiert sich an der Ausbildungsverordnung und dem Rahmenlehrplan, die jedoch beide sehr offen formuliert sind. Daher können alle Aufgaben, die direkt etwas mit der Ausbildung zu tun haben, auch als Thema für die Projektarbeit dienen.

Somit fällt der Versuch einer angehenden IT-Systemkauffrau, die „Durchführung einer Happy Hour" als Abschlussprojekt genehmigen zu lassen heraus. Einkaufen, dekorieren, Cocktails ausprobieren fand der für die Genehmigung zuständige Prüfungsausschuss der IHK nicht wirklich typisch für den Beruf – da half es auch nichts, dass im Antrag auch die Bereitstellung eines Laptops und Beamers sowie eine Stunde Kostenbetrachtung ausgewiesen wurden. [6]

Es gibt keine direkte Vorschrift darüber, wie anspruchsvoll eine Projektarbeit sein muss. Sie sollte jedoch anspruchsvoll genug sein, dass der Prüfungskandidat „...selbstständiges Planen und Handeln..." [1] unter Beweis stellen kann.

Dies lässt sich in der Regel bei Aufgabenstellungen, die an einem einzigen Arbeitstag abgeschlossen werden können, nur schwer zeigen. Nach oben ist die Komplexität in der Zeit begrenzt. Bis auf den Fachinformatiker Fachrichtung Anwendungsentwicklung, der 70 Stunden Zeit hat, müssen alle Projektarbeiten innerhalb von 35 Stunden abgeschlossen sein. [1]

Dies beinhaltet Planung, Durchführung und Dokumentation. Die vorangegangene Themenfindung sowie die anschließende Vorbereitung der Präsentation gehören nicht dazu.

„Für die Projektarbeit soll der Prüfling einen Auftrag oder einen abgegrenzten Teilauftrag ausführen", sagt der zweite Absatz des betreffenden Paragrafen in der Ausbildungsverordnung (s. o.). Es muss also von vornherein feststehen, wo das Projekt beginnt und wohin es führen soll.

Die Projektarbeit muss vor Beginn durch den Prüfungsausschuss der IHK genehmigt sein.

Im Internet sowie in diversen Diskussionen stößt man immer wieder auf die Aussage, dass das Projekt vor der Beantragung bei der zuständigen IHK bereits durchgeführt sein darf.

Die Ausbildungsverordnung (Absatz 2 des betreffenden Paragrafen) sagt hierzu: *„Dem Prüfungsausschuss ist vor der Durchführung der Projektarbeit das zu realisierende Konzept [...] vorzulegen."* Die Aussage ist eindeutig und lässt wenig Interpretationsspielraum. Stellt sich nach Abschluss der Prüfung heraus, dass die Durchführung des Projektes bereits vor der Genehmigung stattgefunden hat, kann eine bestandene Prüfung im Nachhinein als *„durchgefallen"* gewertet werden.

Dass damit nicht zu spaßen ist, zeigen mehrere, den Autoren bekannte Fälle, in denen derartige Täuschungshandlungen nachgewiesen wurden. Kein Prüfungsausschuss wird es dem Prüfling übel nehmen, wenn die Projektplanung vor der Genehmigung bereits steht. Vor allem, da einige Details zum Projekt bereits auf dem Antrag zur Genehmigung der betrieblichen Projektarbeit aufgeführt sein müssen. Die Durchführung jedoch darf wirklich erst nach der Genehmigung begonnen werden!

Alles andere widerspricht der Ausbildungsordnung und gefährdet die Prüfung.

Checkliste für Projektthema

Das Projektthema SOLLTE

– eine wirkliche betriebliche Aufgabe behandeln
– den Interessen und Fähigkeiten des Auszubildenden entsprechen

Das Projektthema MUSS

– der Ausbildungsordnung entsprechen
– genug Stoff für 35 bzw. 70 Stunden beinhalten
– in 35 bzw. 70 Stunden machbar sein
– eine abgegrenzte Aufgabe/Teilaufgabe behandeln
– vor der Durchführung genehmigt sein

3.4 Der Projektantrag

Der Projektantrag ist die Voraussetzung für den Prüfungsteil A, also für die Dokumentation, die dazugehörige Präsentation und das sich daran anschließende Fachgespräch. Daher ist es wichtig, dass Sie sich für das Ausfüllen des Projektantrages ausreichend Zeit nehmen, um einen qualitativ guten Projektantrag abzugeben. Bei den verschiedenen Industrie- und Handelskammern gibt es unterschiedliche Möglichkeiten, einen Projektantrag zu stellen.

In manchen Regionen gibt es noch Anträge als Word- oder PDF-Dokumente. Fast alle Industrie- und Handelskammern haben jedoch mittlerweile auf Web-basierte Anwendungen umgestellt. Die notwendigen Anmeldedaten schickt die IHK in der Regel an den Ausbildungsbetrieb. Der Projektantrag wird durch den Prüfling online ausgefüllt und mit einer PIN bestätigt. Anschließend erhält der Ausbildungsbetrieb eine E-Mail mit einem Link zum Antrag. Mit seiner Ausbilder-PIN erklärt sich der Ausbildungsbetrieb mit dem Projekt einverstanden.

Weitere Informationen, z. B. zur Genehmigung des Antrages durch die Prüfer, werden an die im Projektantrag angegebenen E-Mail-Adressen des Prüflings und des Ausbilders geschickt. Daher ist es wichtig, dass diese Adressen während des gesamten Prüfungszeitraumes zur Verfügung stehen und E-Mails regelmäßig abgerufen werden.

Da in einigen Regionen der Ablauf etwas anders sein kann ist es ratsam, sich diesbezüglich bei der zuständigen IHK zu informieren. In der Regel sollte das der Ausbildungsbetrieb für den Prüfling übernehmen und ihn anleiten.

Bevor mit der Durchführung des Projektes begonnen wird, muss die Genehmigung des Projektantrages durch den Prüfungsausschuss vorliegen. Prüfer achten in der Projektdokumentation darauf, dass ein Datum z. B. auf einem Screenshot oder einem Angebot nicht vor der Genehmigung des Antrages liegt. Ein solcher Fehler kann zum nicht Bestehen der Prüfung führen.

Im Anhang wurde beispielhaft ein Projektantrag abgedruckt.

Doch was muss ein Projektantrag alles beinhalten?

Die Antragsdaten

Der Projektantrag muss
- die Berufsbezeichnung mit der speziellen Unterscheidung (Fachrichtung)
- Name, Postadresse und E-Mail Adresse des Prüflings
- den Ausbildungsberuf
- den Ausbildungsbetrieb
- den betrieblichen Betreuer (als Kontaktperson für den Prüfungsausschuss)

beinhalten.

Weiterhin müssen
- das Thema
- die Projektbezeichnung
- und der Zeitraum, in dem das Projekt durchgeführt werden soll

angegeben werden.

In einigen Regionen wird zudem gefordert, dass alle Dokumentationen (z. B. Handbücher), die zur Projektarbeit gehören, aufzuführen sind, wobei darauf zu achten ist, dass die nicht selbstständig erstellten Dokumentationen kenntlich gemacht werden. In der Regel werden diese Dokumentationen unterstrichen.

Ein weiterer Bestandteil des Projektantrages ist die Festlegung der geplanten Präsentationsmittel. Beamer, Flipchart, Tageslichtprojektor und eine Pinnwand werden in der Regel von den Industrie- und Handelskammern gestellt. Benötigt der Prüfling für seine Präsentation einen Computer, so ist dieser vom Prüfling funktionsfähig mitzubringen. So manche IHK bietet die Möglichkeit im Antrag die benötigten Präsentationsmittel anzukreuzen. Diese werden dann im Prüfungsraum bereitgestellt.

Die fachliche Gliederung

Die fachliche Gliederung besteht im Wesentlichen aus:
- der Projektbezeichnung
- der Projektbeschreibung (Auftrag bzw. Teilauftrag)
- dem Projektumfeld
- den Projektphasen mit dem dazugehörigen Zeitplan
- falls gefordert, den praxisüblichen Dokumentationen

Jeder Abschnitt dieser Gliederung wird durch den Prüfungsausschuss bewertet, wobei es hier verschiedene Kriterien zur Genehmigung gibt. Diese werden nachfolgend näher erläutert.

Genauere Informationen zur Projektbezeichnung sind im vorangegangenen Kapitel „Thema" zu finden.

Die Projektbezeichnung

Die Projektbeschreibung, der Auftrag, wird sachlich und kurz geschildert. An dieser Stelle muss der Prüfling aufpassen, dass hier nicht das Ausführen der Dokumentation beginnt und er bereits dort „sein ganzes Pulver verschießt".

Die Projektbeschreibung und das Projektumfeld

In der Projektbeschreibung wird die Problemstellung aufgezeigt bzw. der Geschäftsprozess dargestellt, welchen man in seinem Projekt behandelt. Der Prüfling zeigt kurz die Schnittstellen des Projektes und definiert dadurch klar, wo seine Arbeit anfängt und an welcher Stelle sie endet.

Um die Bedeutung des Projektes darzulegen, müssen Ist-Zustand und Ziel des Auftrages beschrieben sowie der daraus resultierende Nutzen für den Kunden dargestellt werden.

Da die Prüfer das Projektumfeld, also den Ausbildungsbetrieb und die Rahmenbedingungen des Projektes, nicht kennen, sind diese möglichst kurz zu beschreiben.

Folgende Bestandteile der Projektbeschreibung werden vom Prüfungsausschuss geprüft:

- Passt das Projekt in das Berufsbild?
- Hat der Projektantragsteller seinen Auftrag klar verständlich formuliert?
- Ist das Projekt wirklich durchführbar?
- Ist das Projekt auch dokumentierbar?
- Wie groß ist der Prüfungsumfang und ist er konkret dargestellt?

Diese Fragen sollte man sich unbedingt stellen, bevor man seinen Projektantrag einreicht. Die Berufsbilder sind klar definiert, deshalb sollte der Prüfling unbedingt darauf achten, dass die Haupttätigkeiten des Projektes seinem Berufsbild entsprechen.

Wenn z. B. ein Fachinformatiker Systemintegration eine Anwendung programmiert, so sollte er in seinem Projekt auch deutlich machen, dass er diese Anwendung in ein bestehendes System einbindet bzw. in einem Netzwerk mehreren Nutzern zur Verfügung stellt. Sobald an dieser Stelle die Formulierung unscharf ist, könnte der Prüfungsausschuss zu dem Schluss kommen, dass die Projektbeschreibung zum Berufsbild eines Fachinformatikers Anwendungsentwicklung gehört. In einer solchen Situation wird der Prüfungsausschuss diesen Projektantrag ablehnen.

Ein weiterer Aspekt ist die Verständlichkeit. Als Prüfer hat man manchmal den Eindruck, dass die Prüflinge ihren Auftrag selbst nicht genau kennen und sich dadurch nur schwer verständlich machen können. Dann wiederum gibt es Prüflinge, die der Meinung sind, dass alles, was sie in ihrem Projekt tun werden, dem Prüfungsausschuss möglichst kompliziert und aufregend dargestellt werden muss und schon würde der Projektantrag genehmigt.

Folgende Hinweise sollte man an dieser Stelle berücksichtigen:

1. **Bleiben Sie klar und deutlich in den Ausführungen und Darstellungen!**
   Niemand verlangt vom Prüfungsteilnehmer den Umfang und den Inhalt einer Diplomarbeit. Der Prüfling stellt seine Ausführungen überzeugend dar, sodass der Prüfungsausschuss erkennen kann, dass der Prüfling dieses Projekt eigenständig erarbeiten kann.

2. **Weniger ist mehr, der Umfang eines Projektes ist auf eine festgelegte Stundenanzahl begrenzt.**
   Sollte der Prüfungsausschuss zu der Erkenntnis kommen, dass der Prüfling in der zur Verfügung stehenden Zeit noch mindestens 1 – 2 Mitarbeiter benötigt, damit er sein Projekt überhaupt durchführen und dokumentieren kann, diese aber im Antrag nicht eindeutig aufgeführt sind, wird er das Projekt ablehnen.

Damit man bei alledem die Übersicht behält, gibt es einen weiteren wichtigen Punkt: *die Projektphasen.*

Am besten unterteilt man das Projekt in einzelne Projektschritte. Mit dieser Struktur werden die Kernaufgaben des Projektes identifiziert und die prüfungsrelevanten Aufgaben gekennzeichnet.

Die Projektphasen mit dem dazugehörigen Zeitplan

Man beginnt mit der **Ist/Soll-Aufnahme**. Der Prüfungsteilnehmer nimmt bei der Ist-Analyse die aktuelle Situation auf und legt anschließend das Ziel fest, welches er mit seinem Projekt erreichen möchte.

Danach kommt die **Planung** der Ressourcen und des Ablaufes. In der **Durchführung** wird die logische Abfolge der einzelnen Arbeitsschritte aufgezeigt. Mit dem **Test** und der dazugehörigen **Übergabe** ist das Projekt beendet.

Sobald man diese Schritte oder Phasen genau definiert hat, fällt es leicht, dazu seinen Zeitplan aufzustellen. Die vorgegebene Zeit von maximal 35 Stunden, bzw. beim Fachinformatiker in der Fachrichtung Anwendungsentwicklung maximal 70 Stunden, sollte der Prüfling im plausiblen Verhältnis auf die einzelnen Projektphasen aufteilen und die zeitlichen Abhängigkeiten berücksichtigen. Bei den kaufmännischen IT-Berufen ist es unabdingbar, dass der Prüfling einen Teil des Projektes für die betriebswirtschaftliche Betrachtung verwendet, z. B. einer Kalkulation oder einer Kosten-/Nutzen-Betrachtung.

Des Weiteren kann ein Projekt, das sich normalerweise in Etappen über einen längeren Zeitraum hinzieht, auch stundenweise auf den vom Prüfungsausschuss der IHK genehmigten Durchführungszeitraum verteilt werden.

Für die Erstellung der **Dokumentation** nimmt man dabei zwischen sechs und zwölf Stunden an. Das ist der Zeitrahmen, in dem ein guter Office-Nutzer die Dokumentation erstellen, ordentlich formatieren und mit den dazugehörigen Grafiken anfertigen kann. Dass die Prüflinge in der Regel etwas mehr Zeit aufwenden, ist den Industrie- und Handelskammern sowie den Prüfungsausschüssen bekannt. Man muss ja nicht päpstlicher sein als der Papst, trotzdem ist es ratsam dem Prüfungsausschuss hinterher nicht stolz zu erzählen, dass die Dokumentation 25 Stunden in Anspruch genommen hat.

Erscheint dem Prüfungsausschuss die Zeitplanung zu unrealistisch, kann das zur Ablehnung des Projektantrages führen, zumindest erhält der Prüfling die Auflage, die Zeitplanung zu überarbeiten.

Zur Genehmigung von Projektphasen und dem dazugehörigen Zeitplan werden vom Prüfungsausschuss wichtige Kriterien herangezogen.

– Sind Struktur und Zeitplanung verständlich?
– Sind Projektphasen in der angegebenen Zeit durchführbar?
– Entsprechen die wesentlichen Phasen der Auftragsbearbeitung dem Berufsbild?
– Wurden die Projektphasen ausreichend identifiziert und zeitlich geplant?

Falls die IHK es vorschreibt, hat der Prüfling alle Dokumentationen, einschließlich der Handbücher oder Anlagen für den Kunden, im Projektantrag anzugeben und die nicht selbst erstellten Dokumentationen durch Unterstreichung besonders zu kennzeichnen.

Genehmigung – Genehmigung mit Auflagen – Ablehnung

Nach der Begutachtung des Projektantrages wird ein Urteil gefällt:

Genehmigt

Wer einen genehmigten Projektantrag in den Händen hält, kann direkt mit dem Projekt beginnen.

Ein Projektantrag, der mit Auflagen genehmigt wurde, ist nicht zwingend schlecht. Oft sind Auflagen abhängig vom Prüfer. Denn über Auflagen hat ein Prüfer die Möglichkeit vor Beginn des Projektes dem Prüfungsteilnehmer noch den einen oder anderen Tipp mit auf den Weg zu geben. Somit kann eine Auflage bedeuten, dass im Projektantrag etwas fehlt oder der Prüfer aufgrund seiner Erfahrung befürchtet, dass in der Projektdokumentation etwas vergessen wird. Als Resultat gibt es Projektarbeiten, die von einem Prüfer Auflagen bekommen würden, von anderen nicht.

Genehmigt mit Auflagen

Wichtig ist jedoch:
Der Antrag ist **genehmigt**. *Wurden Auflagen erteilt, so muss der Antrag* **nicht** *noch einmal vorgelegt werden. Der Prüfungsteilnehmer sollte sich die Auflagen zu Herzen nehmen und mit dem Projekt beginnen.*

Der Projektantrag erfüllt mindestens ein wichtiges Kriterium nicht. Bei einer Ablehnung muss innerhalb kürzester Zeit (meist etwa zwei Wochen) ein neuer Antrag eingereicht werden. Je nach Ablehnungsgrund kann die ursprüngliche Idee soweit modifiziert werden, dass ein genehmigungsfähiges Projekt entsteht. Ansonsten muss ein komplett neues Thema gesucht werden.

Abgelehnt

Die vielen regionalen IHKs mit ihren Prüfungsausschüssen haben bei den Bewertungen einen gewissen Ermessensspielraum. Jeder Projektantrag wird durch den jeweiligen Prüfungsausschuss geprüft. Die Anwendung dieses Spielraumes wird dabei von IHK zu IHK unterschiedlich gehandhabt. Dies kann soweit gehen, dass ein Antrag, welcher in einer Region mit Auflagen genehmigt wird, in einer anderen eine Ablehnung erfährt.

3.5 Ausarbeitung

Nachdem nun endlich ein (wenn auch möglicherweise mit Auflagen) genehmigter Projektantrag vorliegt, kann die eigentliche Arbeit beginnen:

Die Projektdurchführung und die Ausarbeitung der Dokumentation.

Hier gilt es zu zeigen, dass der Prüfungsteilnehmer sein Handwerk auch versteht, dass er also in der Lage ist, eine qualifizierte berufliche Tätigkeit auszuüben. Er muss selbstständig eine Aufgabe planen, durchführen und kontrollieren können – sowie das Ganze in den betrieblichen Gesamtzusammenhang einordnen, d. h. verstehen, warum die Erledigung dieser Aufgabe für den Betrieb wichtig ist. [1]

Doch wie macht man so etwas?

Den Prüfern wird eine Bewertungsmatrix an die Hand gegeben, die in nahezu ganz Deutschland zur Beurteilung der Projektarbeit verwendet wird (siehe Anhang).

Wenn sich der Prüfungsausschuss an dieser Bewertungshilfe orientiert, ist es sinnvoll, sie auch als Prüfungsteilnehmer zu Rate zu ziehen. Es ist Schritt für Schritt alles darin beschrieben, was eine Projektarbeit enthalten muss.

Demnach werden bewertet:

- **Die Beschreibung der Ausgangssituation**

  Worum handelt es sich bei dem Projekt?

  Warum wird es durchgeführt?

  In welchem Umfeld spielt sich das Projekt ab (Betrieb, Ansprechpartner...)?

- **Die Ressourcen- und Ablaufplanung**

  Wie viel Zeit, Geld, Personal und Sachmittel werden benötigt, um das Projekt durchzuführen? Wie (in welchen Schritten) soll das Ziel erreicht werden?

- **Die Durchführung**

  Wurden alle Schritte, die zur Realisierung des Projekts nötig waren, verständlich beschrieben?

  Wurde strukturiert und nicht planlos vorgegangen?

  Wurde (wenn möglich) immer mal wieder überprüft, ob Teilergebnisse im Projekt auch korrekt und zielführend sind?

  Wurden (falls nötig) Entscheidungen getroffen und deren Konsequenzen auch beschrieben?

- **Die Darstellung der Projektergebnisse**

  Wurde das Projektziel erreicht?

  Wenn nein, warum nicht?

  Ist der Auftraggeber mit dem Ergebnis zufrieden?

- **Die Gestaltung des Portfolios**

  Sind Rechtschreibung und Ausdrucksweise in Ordnung?

  Ist die grafische Gestaltung ansprechend?

  Sind ggf. Ablaufpläne, Netzdiagramme, ERM-Diagramme, EPKs usw. korrekt abgebildet?

- **Die Kundendokumentation**

  Sind die Ergebnisse so dargestellt, dass der Kunde/Auftraggeber sie versteht?

Alle diese Punkte beziehen sich auf die Dokumentation des Projektes und nicht auf die tatsächliche Realisierung. Während der Ausbildungsbetrieb daran interessiert ist, das gewünschte Projektziel mit möglichst geringem Aufwand zu erreichen, spielt es für den Prüfungsausschuss eine geringe Rolle, ob sich das Projekt wirtschaftlich tatsächlich rechnet.

Viel wichtiger ist hier, dass der Prüfungskandidat strukturiert vorgeht, das Projekt plant, Stück für Stück versucht, seinen Plan umzusetzen, Widrigkeiten erkennt und damit umgeht, seine eigene Arbeit kritisch betrachtet und aus den eigenen Fehlern lernt.

Es ist ein Irrglaube unter den Auszubildenden, dass die Realisierung des Projektes ganz genau so wie in der Planung erfolgen muss. Die Durchführung muss sich zwar an der Planung orientieren, ein guter Projektleiter aber bindet Informationen, die das Projekt beeinflussen und zum Planungszeitpunkt noch nicht zur Verfügung standen, mit in das laufende Projekt ein und passt gegebenenfalls die Planung an.

Es ist in den seltensten Fällen möglich, die zeitlichen und finanziellen Ressourcen im Voraus bis auf die letzte Minute bzw. den letzten Cent so zu planen, wie sie anschließend tatsächlich benötigt werden. Wenn Planung und Realität nicht übereinstimmen, ist es allerdings unerlässlich, die Ursache aufzuzeigen.

Die Projekt-durchführung

Bevor die Dokumentation erstellt wird, muss selbstverständlich zuerst etwas geschehen sein, was dokumentiert werden kann. Es ist möglich, bereits während der Durchführung die Projektdokumentation zu schreiben. Meist bietet es sich jedoch an, das Projekt zuvor zu realisieren und anschließend mit der detaillierten Dokumentation zu beginnen.

Hierbei ist es sehr wichtig, sich bereits während der Projektdurchführung Notizen zu machen und alle relevanten Dokumente zu sammeln. Dies umfasst z. B. Kopien von Rechnungen und Lieferscheinen, Screenshots wichtiger Bildschirminhalte, Handbücher usw. Gerade in größeren Unternehmen ist es zum Teil gar nicht so einfach, die Kopie einer Rechnung zu bekommen, wenn man das Original einmal aus der Hand gegeben hat.

Werden Texte anderer Autoren (Bücher, Zeitschriften, Internet) im Laufe des Projektes zu Rate gezogen, so sollten auch diese zum Schreiben der Dokumentation vorliegen.

Gesprächsnotizen helfen nachzuvollziehen, von wem, wann, welche Anweisungen oder Informationen gekommen sind. Notizen über die tatsächlich benötigte Zeit verhindern, dass beim anschließenden Schreiben der Dokumentation der Zeitaufwand geschätzt werden muss. Die Ausarbeitung der Dokumentation der Projektarbeit geht deutlich problemloser vonstatten, wenn alle Materialien bereits griffbereit vorliegen. Welche Dokumente und Informationen nun tatsächlich in die Projektarbeit einfließen, bleibt dem Autor überlassen.

Wer beim Schreiben der Projektdokumentation recht nahe an der Bewertungsmatrix bleibt, kann davon ausgehen, dass die wesentlichen Punkte, die durch den Prüfungsausschuss bewertet werden, auch tatsächlich berücksichtigt sind.

Das Schreiben der Projektdokumentation

Aus diesem Grunde ist es ratsam, die Bewertungsmatrix Schritt für Schritt durchzugehen und den Prüfern die Punkte, welche in die Beurteilung einfließen, direkt zu präsentieren. Dies erleichtert den Prüfern die Arbeit und hilft ihnen zu erkennen, wie der Autor der Projektdokumentation vorgegangen ist. Zur besseren Lesbarkeit wurden in der nachfolgenden Erläuterung die letzten beiden Abschnitte (Gestaltung des Portfolios und Kundendokumentation) vertauscht. Dies hat jedoch außer einer logischeren Gliederung keine weiteren Auswirkungen.

Die Ausgangssituation soll zwei Dinge zeigen:

Ausgangssituation

– zum einen das Projektziel
– zum anderen das Projektumfeld

Als Prüfungsteilnehmer ist es wichtig, sich vor Augen zu halten, dass der Prüfungsausschuss in der Regel weder den Ausbildungsbetrieb noch Details zum Projekt kennt.

Alle relevanten Informationen müssen somit in der Projektdokumentation aufgeführt sein.

Damit der Prüfungsausschuss sich ein Bild vom Umfang und der Umgebung des Projektes machen kann, sollten kurz ein paar allgemeine Informationen zum Unternehmen aufgezeigt werden. Schließlich ist es ein Unterschied, ob die *„Einführung einer Buchhaltungssoftware"* bei einem Drei-Mann-Betrieb oder z. B. bei der Lufthansa AG stattfindet.

Das Unternehmen sollte jedoch auch nicht zu ausführlich dargestellt werden, da die Seitenzahl der Projektdokumentation nach oben begrenzt ist.

Beispiel

„Die ABC GmbH aus Offenburg produziert mit ihren 48 Mitarbeitern Glasflaschen unterschiedlichster Farben und Formen."

Anschließend wird die Ist-Situation beschrieben. Sie zeigt den momentanen Zustand und führt auf das eigentliche Problem hin, welches dem Projekt zugrunde liegt. Hier kann der Prüfungsteilnehmer auch gleich zeigen, dass er (wie es von ihm gefordert wird) versteht, „...warum die Erledigung dieser Aufgabe für den Betrieb wichtig ist." [1]

Warum es also sinnvoll ist, in dieses Projekt Zeit und Geld zu investieren.

Beispiel

„Täglich melden sich bis zu zehn Kunden über das Kontaktformular unserer Website; wenn wir Werbeaktionen fahren, oft sogar deutlich mehr. Diese Anfragen werden in einer Textdatei gespeichert, ausgedruckt und händisch in die Kundendatenbank eingepflegt. Dies ist fehleranfällig und aufwendig."

Das Projektziel sagt aus, was das Projekt erreichen möchte, wie also der Soll-Zustand aussieht. Oft ist die Formulierung des Projektzieles viel zu vage. Der Erfolg eines Projektes hängt direkt an der Erreichung des Projektzieles. Somit muss es zum Projektabschluss möglich sein festzustellen, ob das Ziel auch erreicht wurde. Schon zu Beginn des Projektes muss man sich Gedanken darüber machen, wie die Zielerreichung überprüft werden soll. Hierbei ist es hilfreich, möglichst klar zu sagen, was man erreichen möchte.

Beispiel

SCHLECHT

„Ich möchte eine Schnittstelle zwischen unserer Kundendatenbank und der Website einrichten."

BESSER

„Das Projekt hat zum Ziel, bei Kunden, welche sich über das Kontaktformular der firmeneigenen Website an uns wenden, direkt die Daten der Interessenten in unsere Kundendatenbank zu übertragen. Hierzu ist es notwendig eine entsprechende Schnittstelle zu implementieren."

Zu guter Letzt gehört in die Ausgangssituation noch eine Beschreibung der Schnittstellen zwischen dem Projekt und seinem Umfeld. Diese können sowohl technisch als auch personell sein.

Unter technischen Schnittstellen versteht man IT-Systeme, die außerhalb des Projektes liegen, aber für das Projekt relevant sind.

Technische Schnittstellen

Werden z. B. Kundenadressen in einem Serienbrief weiter verarbeitet (innerhalb des Projektes), kommen diese wahrscheinlich aus der Kundendatenbank (IT-System außerhalb des Projektes). Nicht in jedem Projekt gibt es derartige technische Schnittstellen.

Personelle, also menschliche Schnittstellen hingegen sind immer vorhanden. So stellt die wichtigste personelle Schnittstelle der Auftraggeber dar.

Personelle Schnittstellen

– Wer hat denn die Durchführung des Projektes genehmigt?
– Wer stellt die Mittel zur Verfügung?
– Wem muss das Ergebnis präsentiert werden?

Dies kann sowohl ein externer als auch ein interner Kunde (z. B. Abteilungsleiter, Geschäftsführer etc.) sein.

Nun ist die komplette Ausgangssituation beschrieben. Der Leser der Projektdokumentation weiß jetzt, wo das Projekt beginnt, wohin es möchte und wie die Umgebung gestaltet ist. Er kann sich nun ein Bild des Projektes machen.

Ressourcen- und Ablaufplanung

„Ohne Moos nichts los."

An dieser Stelle wird es deutlich konkreter. Die Ressourcen, also die Mittel, die zur Erreichung des Projektzieles nötig sind, müssen geplant werden. Es wird alles berücksichtigt, was nicht in unbegrenztem Umfang ständig zur Verfügung steht. Hierzu gehören nicht nur die finanziellen Mittel, sondern auch Personen, Sachmittel und vor allem Zeit.

– **Terminplanung**

Die Termin- bzw. Zeitplanung ist zwingender Bestandteil jeder Projektarbeit. Sie ist in der Regel direkt aus dem Projektantrag ablesbar, da die meisten IHKs eine solche Planung bereits im Projektantrag fordern.

Sollte diese Planung nicht exakt mit den Angaben im Projektantrag übereinstimmen, so muss dies zwingend begründet werden. Ggf. können zur einfachen Zeitplanung auch Termine ergänzt werden, was jedoch nicht zwingend notwendig ist.

– **Sachmittelplanung**

In die Sachmittelplanung gehören Werkzeuge, die während der Projektdurchführung benötigt werden. Dies kann z. B. die Programmierumgebung zur Erstellung eines Programms sein.

Bei den Sachmitteln ist es wichtig, dass sie zu dem Zeitpunkt, zu dem sie benötigt werden, auch tatsächlich zur Verfügung stehen und nicht bereits anderweitig im Einsatz sind.

Nicht jedes Projekt benötigt eine detaillierte Sachmittelplanung. Trotzdem ist es wichtig, sich Gedanken darüber zu machen, welche Software, Rechner oder sonstige Dinge benötigt werden.

Gerade die Sachmittel, die im Unternehmen normalerweise *„sowieso immer da sind"* werden in der Sachmittelplanung allzu gerne vergessen.

- **Personalplanung**

  Zum Personal gehören alle Personen, die dem Projekt in irgendeiner Weise zuarbeiten sollen oder sogar direkt Teilaufgaben während der Projektlaufzeit übernehmen.

- **Kostenplanung**

  Wie schon die Zeitplanung, so ist auch die Kostenplanung unerlässlich. Alles was im Laufe des Projektes Kosten verursacht, muss erfasst und die Höhe möglichst genau geschätzt werden.

  In die Kostenplanung gehören auch Kosten, die durch den Einsatz von Personal und Sachmitteln verursacht werden. Ist die Unterstützung von Mitarbeitern im Projekt geplant, so müssen diese mit der entsprechenden Zeit und ihrem internen Verrechnungssatz in die Kostenplanung einfließen.

  Nur zu oft werden an dieser Stelle die Kosten vergessen, die der Prüfling selbst verursacht. Auch wenn beispielsweise der Prüfungsteilnehmer ein von der Arbeitsagentur finanzierter Umschüler ist, der unternehmensintern mit einem Satz von 0 € verrechnet wird, sollte dies in der Projektarbeit dargestellt werden.

  Denn der Prüfungsausschuss geht ansonsten davon aus, dass der Autor der Projektdokumentation seine eigenen Kosten einfach vergessen hat.

Da es sich bei der Ressourcenplanung um erwartete Werte handelt, können die tatsächlich benötigten Mittel von diesen Zahlen abweichen. Meist ist es nicht nötig, vier voneinander getrennte Tabellen zu erstellen. Gerade die Sachmittel, die Personal- und die Kostenplanung lassen sich oft in einer einzelnen Tabelle zusammenfassen.

Ablaufplan

Der Ablaufplan zeigt, welche einzelnen Schritte zur Erreichung des Projektzieles nötig sind. Er dient dazu, die gesamte Arbeit in einzelne kleine, überschaubare Teilaufgaben zu zerlegen, die dann nach und nach abgearbeitet werden können.

Es spielt keine Rolle, ob alle Teilaufgaben vom Prüfungsteilnehmer selbst erledigt oder an andere Personen delegiert werden. Wichtig ist jedoch, dass, wenn der Reihe nach alle Teilaufgaben des Projektes erledigt sind, das Projektziel erreicht ist (jedenfalls in der Planung).

Gerade wenn der Ablauf etwas komplexer wird, ist es sinnvoll, diesen grafisch darzustellen. Ein Ablaufplan in Form eines Flussdiagramms, eines Netzplanes, eines Gantt-Diagramms oder einer EPK (Ereignisgesteuerte Prozesskette) sagt meist viel mehr aus als eine Seite Text. Derartige Grafiken lassen sich recht einfach mit einer Projektmanagementsoftware (z. B. MS-Project) erstellen.

Durchführung und Auftragsbearbeitung

Nachdem nun alle relevanten Aspekte in die Planung eingeflossen sind, kann die Umsetzung beginnen. Dieser Abschnitt wird in der Beurteilung der Arbeit recht hoch gewichtet. *Es lohnt sich also, hier besonders sorgfältig zu arbeiten.*

Bei der tatsächlichen Durchführung des Projektes wird der Ablaufplan **Schritt für Schritt** abgearbeitet.

Wer also einen klaren und übersichtlichen Ablaufplan erstellt hat, ist nun klar im Vorteil. Jede Teilaufgabe, die nötig ist, um das Projektziel zu erreichen, ist zu beschreiben.

Ein Außenstehender, der an der Durchführung nicht beteiligt war, muss in der Lage sein, anhand dieser Beschreibung genau nachzuvollziehen, was durch wen, wie und in welcher Reihenfolge getan wurde.

Jedoch darf sich die Beschreibung auch nicht im Detail verlieren.

Um sicherzustellen, dass die Aktivitäten während der Durchführung auch zielführend sind, ist es wichtig, sie einer regelmäßigen Qualitätssicherung zu unterziehen.

Man kann sich darüber streiten, inwieweit eine ständige Überprüfung der einzelnen Teilschritte bei einem Projekt dieser Größenordnung in der Praxis tatsächlich Sinn macht. Die Verordnung zu den IT-Berufen schreibt vor, dass der Prüfungsteilnehmer im Projekt zeigen muss, dass er in der Lage ist, eine durchgeführte Aufgabe auch zu kontrollieren.

- Nach der Installation einer Telefonanlage ist also erst einmal zu überprüfen, ob man darüber tatsächlich telefonieren kann, bevor spezielle Optionen wie Anrufweiterleitungen oder Anrufbeantworter konfiguriert werden.

- Eine Umfrage sollte Kontrollfragen enthalten, um die Gefahr willkürlicher Antworten zu reduzieren.

- Den programmierten Quellcode kann ein fachkundiger Kollege noch einmal durchsehen, um festzustellen, ob Probleme auch tatsächlich effizient gelöst wurden.

- Bevor ein Angebot an den Kunden geht, kann es der Ausbildungsleiter noch einmal überprüfen.

Auch das Heranziehen externer Quellen, wie z. B. gute Fachzeitschriften, sichert die Qualität der Arbeit. Dabei sollte jedoch nicht vergessen werden, Quellen auch als solche zu kennzeichnen und sie im Literaturverzeichnis aufzuführen.

Es ist wichtig, derartige Maßnahmen zur Qualitätssicherung auch tatsächlich zu erwähnen und nicht davon auszugehen, dass dies selbstverständlich ist. Denn sonst geht der Prüfer davon aus, dass der Prüfungsteilnehmer solche Tests einfach vergessen hat und vergibt dafür folglich auch keine Punkte.

Erstens läuft es anders und zweitens als man denkt.

Im Laufe der Durchführung treten oft Situationen auf, die während der Planung nicht vorhersehbar waren, z. B.:

– Der Kunde überlegt es sich noch einmal anders und hätte jetzt doch gerne gleich die größere Telefonanlage.

– Während der Programmierung eines Tools kommt plötzlich ein Hersteller mit einer Software auf den Markt, die das Tool überflüssig macht.

– Ein Mitarbeiter, der Informationen liefern sollte, ist plötzlich krank oder mit einem anderen Auftrag ausgelastet.

Die Liste könnte fast endlos fortgesetzt werden. Niemand kann alle Eventualitäten bereits im Vorfeld berücksichtigen. Um den Erfolg des Projektes nicht zu gefährden, muss der Projektleiter solche Situationen erkennen und darauf angemessen reagieren.

Dies kann bedeuten, dass während der Durchführung der Ablaufplan noch einmal geändert wird oder gar das Projektziel überdacht werden muss. Es macht keinen Sinn, eine Schnittstelle für ein System fertig zu stellen, bei dem sich plötzlich herausstellt, dass das System kurzfristig ein Update erfährt und die Schnittstelle anschließend nicht mehr passt.

Falls derartige Fälle eintreten und die Planung im Nachhinein verändert werden muss, ist das nicht schlimm. Ganz im Gegenteil. Der Prüfling kann dann zeigen, dass er in der Lage ist, damit umzugehen und die Planung entsprechend anzupassen. Er kann innerhalb seines Kompetenzbereiches eigenständig Entscheidungen treffen und holt sich, wenn nötig, die Zustimmung des Vorgesetzen.

Derartige Abweichungen, Anpassungen und Entscheidungen müssen jedoch genauestens begründet und dokumentiert werden.

Achtung

Rühren diese Abweichungen daher, dass in der Planungsphase essenzielle Punkte vergessen wurden, so ist es nicht gerade sinnvoll, den Prüfungsausschuss darauf noch explizit hinzuweisen.

So wäre es fatal beim Projekt „Verkauf und Installation einer ISDN-Anlage" die Kosten für die Anschaffung der Anlage bei der Planung nicht zu berücksichtigen. Falls dies aber passiert ist, so sollte man den vorangegangenen Planungsteil entsprechend anpassen und dieses Missgeschick nicht an die große Glocke hängen.

Projektergebnisse

Im Anschluss an die Durchführung muss nun die Abnahme erfolgen. Dabei wird im Soll-Ist-Vergleich zuerst überprüft, ob das Projektziel überhaupt erreicht wurde. Das in der Planung formulierte Ziel (Soll) wird also mit dem momentanen Status nach der Durchführung (Ist) verglichen. Dazu gehört auch die komplette Planung.

Somit wird überprüft, ob

– das Projektziel erreicht wurde
– die Personalplanung korrekt war
– die Sachmittel wie geplant eingesetzt wurden
– die Zeiten und ggf. Termine eingehalten wurden
– die Kosten sich im geplanten Rahmen bewegen
– die einzelnen Teilaufgaben während der Durchführung mit dem Ablaufplan übereinstimmen.

An dieser Stelle unterscheiden sich die Interessen der Beteiligten. Während Kunde und/oder Vorgesetzter in der Regel wünschen, dass das Projektziel zu 100 Prozent erreicht und möglichst wenig Ressourcen verbraucht wurden, ist das für den Prüfungsausschuss sekundär.

Dieser beurteilt nicht das Ergebnis, sondern den Vorgang der Kontrolle. Viele Prüfungsteilnehmer schrecken davor zurück, Unterschiede zwischen der Planung und dem Endergebnis festzustellen. Sie sind der Meinung, dass die Prüfer ihnen dann eine schlechte Vorbereitung oder Durchführung vorwerfen.

Doch das ist nicht der Fall: Der Prüfling erhält hier die Möglichkeit zu zeigen, dass er fähig ist, sich kritisch mit der eigenen Arbeit auseinanderzusetzen. Er erkennt, was gut gelaufen ist, aber vor allem kann er Schwächen identifizieren und daraus lernen.

Klar und konkret

Je klarer und konkreter das eigentliche Projektziel zu Beginn der Arbeit formuliert wurde, desto einfacher fällt nun die Überprüfung der Zielerreichung aus. Wie bei der Durchführung ist auch hier eine Qualitätskontrolle unerlässlich. Es reicht nicht aus, einfach nur die Funktionalität zur Verfügung zu stellen, sie muss auch störungsfrei laufen und das Problem, welches zugrunde lag, zur Zufriedenheit des Auftraggebers gelöst sein.

– Bei der Programmierung einer Schnittstelle reicht es nicht aus zu prüfen, ob ein einzelner Datensatz tatsächlich korrekt abgerufen werden kann.

Was passiert, wenn die Schnittstelle wirklich unter Last arbeiten muss? Läuft sie dann immer noch stabil?

– Bei der Auslieferung eines Multimedia-PCs stellt der Kunde ganz überrascht fest, dass er damit kein Fernsehprogramm empfangen kann.

– Ein Benutzer, der ein Tool zur Selektion von Adressen aus einer Datenbank benötigte, ist nicht in der Lage, dieses zu bedienen.

– Ein neuer Prozess sieht auf dem Papier zwar ganz toll aus, nach ein paar Tagen zeigt sich jedoch, dass die zugrunde liegende Aufgabe nun viel mehr Zeit benötigt als vorher.

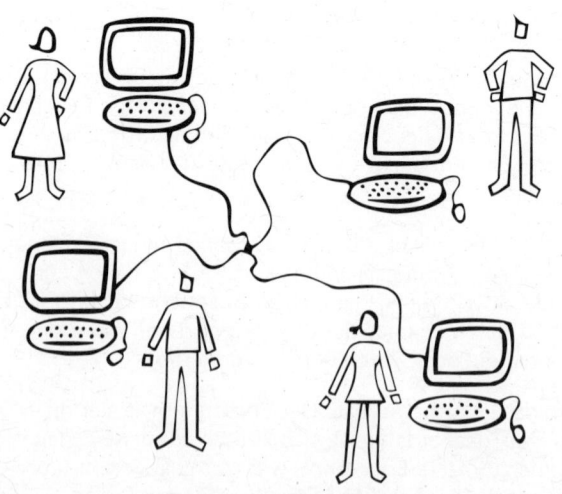

Bei all diesen Beispielen ist zwar auf den ersten Blick das Projektziel erreicht, bei genauerem Hinsehen stellt man jedoch fest, dass etwas nicht stimmt.

Daher ist es also zur Sicherung der Qualität unbedingt nötig, die Erreichung des Projektzieles genauer unter die Lupe zu nehmen. Hierzu zählt auch die Frage an den Auftraggeber, ob er mit dem Ergebnis zufrieden ist.

Doch wie bereits erwähnt, wird vom Prüfungsausschuss nicht die Kundenzufriedenheit selbst bewertet, sondern der Versuch (also der Vorgang), die Qualität zu gewährleisten. Somit kann auch ein Projekt, welches aus unvorhersehbaren Gründen abgebrochen wird, genauso eine gute Note bekommen wie eines, bei dem der Kunde völlig unzufrieden ist, weil er sich bei der Erteilung des Auftrages zu missverständlich ausgedrückt hat.

Sollten Abweichungen zwischen der Planung (Projektziel und Ressourcenplanung) und dem Ergebnis auftreten, müssen selbstverständlich die Gründe hierfür dargestellt werden.

Bei Abweichungen im Projektziel ist zudem zu erläutern, ob alle mit dem veränderten Ergebnis leben können oder welche Aktionen gestartet werden sollten, um das ursprünglich ausgemachte Projektziel doch noch zu erreichen.

Wohl kein Abschnitt der Bewertungsmatrix wird so oft in Frage gestellt wie die Kundendokumentation. Die IHK Südlicher Oberrhein hat ihn in Projektabschluss umbenannt. [7]

Kundendokumentation

In der Kundendokumentation wird dem Kunden das Projektergebnis nahe gebracht.

Ein Projekt, in welchem für einen Kunden eine neue Funktion in eine bestehende Software eingebaut wird, sollte an dieser Stelle beschreiben, wie der Kunde mit dieser neuen Funktion umgeht – d. h. wie er sie aufruft, was er wo, in welcher Form eintragen muss und was als Ergebnis geliefert wird. Das alles muss in der Sprache des Kunden erfolgen.

Eine Kundendokumentation, die an EDV-Einsteiger gerichtet ist, darf also niemals mit technischen Begriffen aus der IT-Welt überfrachtet sein. Ist sie an einen externen Kunden gerichtet, darf sie selbstverständlich keine Firmeninterna enthalten.

Beliebte Projekte in der Abschlussprüfung zu den IT-Berufen sind Entscheidungsvorlagen. Es wird geprüft, ob sich der Einsatz einer neuen Software lohnt, ob eine Zweigstelle per Terminalserver angebunden oder mit Applikationsservern vor Ort ausgestattet werden soll u. v. a.

Der Kunde kommt dann in der Regel aus dem eigenen Betrieb. Er ist Ausbildungsleiter, Abteilungsleiter oder Geschäftsführer. Für diese Personen ist es wichtig, die Kernaussage der Projektarbeit in wenigen Sätzen und vielleicht einer kleinen Tabelle auf etwa einer halben bis maximal einer ganzen Seite darzustellen.

Ohne erst die komplette Projektarbeit zu lesen, kann derjenige, der hinterher die Entscheidung treffen muss, erfassen, zu welchem Ergebnis die vorliegende Arbeit kommt. Er hat dann immer noch die Möglichkeit, die komplette Arbeit zu lesen.

Derartige Kurzfassungen des Projektergebnisses nennt man „Management Summary".

Nicht in allen Projekten macht eine Kundendokumentation Sinn. Es kommt auf die Zielgruppe bzw. den Kunden an. Beim Verkauf eines Multimedia-PCs an einen Systemprogrammierer beispielsweise, ist es überflüssig, ihm zu erklären, wie der Rechner in Betrieb zu nehmen ist.

Trotzdem sollte – auch wenn man der Meinung ist auf eine Kundendokumentation verzichten zu können – dieser Abschnitt nicht einfach weggelassen werden. Denn so besteht die Gefahr, dass die Prüfer dies als „vergessen" interpretieren und keine Punkte vergeben. Es sollte wenigstens festgestellt werden, dass dem Kunden alle nötigen Unterlagen (Handbücher, Lieferscheine, Garantieunterlagen...) übergeben wurden und eine weitere Dokumentation keinen Sinn macht.

Der Inhalt der Projektarbeit steht.

Gestaltung des Portfolios

Nun sollte die Dokumentation auch noch ordentlich aussehen, denn der Prüfungsausschuss bewertet auch die Gestaltung. Das oberste Prinzip hierbei ist die *Einheitlichkeit*. Prinzipiell gilt hier das Gleiche, was bereits im Kapitel 3 zur Gestaltung gesagt wurde.

**Wichtig ist auch die sprachliche Darstellung.
– Optik ist nicht alles! –**

Von einer Dokumentation, die den Abschluss einer Ausbildung darstellt, kann man erwarten, dass Fehler in Rechtschreibung und Grammatik eine Ausnahme bilden. Auch der korrekte Gebrauch von relevanten Fachbegriffen ist wichtig. Und zu guter Letzt wird eine klare Verständlichkeit vorausgesetzt.

Jemand mit entsprechenden Fachkenntnissen, der die Firma und das Projektumfeld nicht kennt, muss ohne Schwierigkeiten nachvollziehen können, was wie und in welcher Reihenfolge getan wurde.

3.6 Fehler aus der Praxis

Projektplanung und -ergebnis werden nachträglich passend gemacht

Ein Projektleiter freut sich, wenn er im Nachhinein feststellt, dass er das Projektziel mit den eingeplanten Ressourcen tatsächlich erreicht hat. In der Realität erbringen nur ein Bruchteil aller Projekte rechtzeitig mit den ursprünglich geplanten Ressourcen ein Projektergebnis in der geforderten Qualität. [8]

In einer Vielzahl von Projektdokumentationen fällt jedoch sofort auf, dass die Planung nach der Durchführung so verändert wurde, dass sie 100-prozentig passt.

Beispiele

– Zu Beginn der Planung wird darauf hingewiesen, dass die Preise für Prozessoren täglichen Schwankungen unterliegen und ganz grob (bis auf den letzten Cent) geschätzt werden. Interessanterweise treffen diese Zahlen zufällig genau zu.

– Die Zeiten für die Erstellung und Implementierung einer Schnittstelle zwischen zwei Systemen wird bis auf 10 Minuten genau geplant. Im Soll-Ist-Vergleich wird festgestellt, dass diese Zeiten ganz genau gepasst haben.

Inhaltsverzeichnis

Nach dem Deckblatt ist das Inhaltsverzeichnis das Erste, was sich ein Prüfer ansieht. Hier erhält er einen Überblick über die Arbeit.

Wenn er nun einen Absatz im Text nachschlagen möchte, sollte dieser auch – wie im Inhaltsverzeichnis angegeben – an der entsprechenden Stelle zu finden sein. D. h. die Einträge im Inhaltsverzeichnis müssen genau so im Text wiederzufinden sein. Nicht in etwa oder sinngemäß, sondern identisch. Hinter diesen Einträgen stehen Seitenzahlen. Auch diese müssen korrekt sein.

Allzu oft werden am Ende der Projektarbeit noch einmal Formulierungen oder gar ganze Passagen verändert, wodurch sich Fehler in dieser Hinsicht einschleichen können.

Tipp

Alle gängigen Textverarbeitungsprogramme sind in der Lage, das Inhaltsverzeichnis automatisch zu erstellen und vor dem Ausdrucken jeweils noch einmal zu aktualisieren.

Kaufmännischer Teil ist unzulänglich oder fehlt

Gerade die Prüflinge aus kaufmännischen IT-Berufen sollten auf den Stellenwert des kaufmännischen Teils sehr achten.

Vor lauter Begeisterung über die gelungene technische Lösung eines Problems wird oft die kaufmännische Seite des Projektes aus den Augen verloren. Die Umsetzung einer guten Idee, welche dann in der Praxis auch noch zeigt, dass sie einwandfrei funktioniert, kann eine gewisse Euphorie hervorrufen.

Dies ist nachvollziehbar und wünschenswert. Jedoch liegt der Schwerpunkt der Beurteilung der Projektdokumentation in den Bereichen Planung, strukturiertes Vorgehen, Qualitätssicherung und Projektabschluss. Somit kann auch eine geniale technische Lösung, die jeder gerne bei sich einsetzen würde, zu einer äußerst schlechten Note führen, wenn die restlichen Teile der Projektarbeit zu knapp oder gar fehlerhaft sind.

Rechtschreibung

In vielen Projektdokumentationen übersteigt die Anzahl der Rechtschreibfehler das annehmbare Maß deutlich. Gerade von einem Auszubildenden im IT-Bereich sollte man erwarten, dass er mit der Rechtschreibhilfe eines Textverarbeitungsprogramms umgehen kann.

Fehler, auf die bereits das Textverarbeitungsprogramm deutlich hinweist, müssen in einer Arbeit mit solch hohem Stellenwert nicht sein.

Formulierung und Sprache

Gerade einigen eher technisch orientierten Prüfungsteilnehmern fällt der Umgang mit der deutschen Grammatik manchmal nicht leicht.

Allerdings handelt es sich bei der Projektdokumentation nicht um eine Kurznotiz für den Arbeitskollegen, sondern um einen Teil der Abschlussprüfung, die die Eignung des Auszubildenden zeigen soll, den entsprechenden Beruf selbstständig auszuüben. Dieser Bericht sollte frei von sprachlichen Mängeln und gut verständlich sein.

In der Regel ist es hilfreich, einen sprachlich versierten Arbeitskollegen oder Bekannten zu bitten, die sprachliche Seite der Arbeit zu überprüfen.

3.7 Die Arbeit ist fertig

Nach einiger Mühe ist es doch ein schönes Gefühl eine fertige Version der Projektdokumentation ausgedruckt in den Händen zu halten.

Doch bevor diese nun verschickt wird, ist es ratsam, noch einmal zwei Punkte überprüfen zu lassen: Rechtschreibung/Grammatik und fachliche Korrektheit.

Idealerweise erbittet man Hilfe von Personen, die im jeweiligen Bereich ihre Stärken haben. D. h. jemand, der sich mit der deutschen Sprache sehr gut auskennt, kann die Arbeit noch einmal lesen und korrigieren. Diese Person muss keinerlei IT-Kenntnisse besitzen. Eine andere Person kann prüfen, ob die Arbeit fachlich korrekt und gut verständlich ist. Diese Person benötigt selbstverständlich IT-Kenntnisse und sollte möglichst mit dem durchgeführten Projekt nicht vertraut sein. Somit muss sie alle Informationen zum Projekt der Projektdokumentation entnehmen.

Es kann auch interessant sein, sich unter Prüfungsteilnehmern gegenseitig zu bewerten. Also einfach die Projektdokumentationen auszutauschen, die Bewertungsmatrix daneben zu legen und sich von einem „Leidensgenossen" eine Note geben zu lassen.

Die Ergebnisse können dann die Projektarbeit abrunden.

Doch Vorsicht:

Jeder Prüfling unterschreibt eine eidesstattliche Versicherung oder Erklärung darüber, dass er die Arbeit selbstständig angefertigt hat. Somit ist es zwar erlaubt, Kommentare zur Arbeit mit in die Dokumentation einfließen zu lassen, jedoch nicht mehr. Keine andere Person darf beispielsweise Teile der Projektarbeit neu schreiben.

Das Outfit
der Arbeit

Falls die regionale IHK keine Vorschriften über die Art der Bindung der Projektdokumentation macht, bleibt die Wahl dem Prüfungsteilnehmer überlassen. Hier kann nur schwer eine Empfehlung ausgesprochen werden, da es von Seiten der Prüfer die unterschiedlichsten Vorlieben gibt. Meist fährt man mit einer Ringbindung nicht schlecht, aber auch eine Klemmschiene (mit Schutzfolie) ist völlig in Ordnung.

Im Anschluss daran kann nun die Projektdokumentation versandt werden. Auch hier ist es ratsam, sich noch einmal bei der hiesigen IHK zu erkundigen, wie viele Ausfertigungen ihr zugesandt werden sollen. Meist sind es vier.

3.8 Bewertung

Die IHK schickt die Projektdokumentation weiter an den Prüfungsausschuss. Dieser besteht aus mindestens drei Personen (in der Regel genau drei). Jeder bekommt eine Ausfertigung, eine weitere verbleibt bei der IHK. Die Prüfer setzen sich nun daran, die Projektarbeit zu bewerten.

Hierzu wird in fast ganz Deutschland die Bewertungsmatrix zu Hilfe genommen. Es wird also bei jedem einzelnen Punkt der Matrix überprüft, ob dieser in der Arbeit vorhanden ist und inwieweit er die Anforderungen erfüllt.

Anschließend setzen sich die Prüfer zusammen, um zu einer einheitlichen Punktzahl zu kommen. Diese wird dem Prüfungsteilnehmer zu diesem Zeitpunkt jedoch noch nicht mitgeteilt. Er erfährt sie erst später nach Abschluss von Präsentation und Fachgespräch.

Damit der *Prüfungsteil A* (also Projektarbeit und Dokumentation) als „bestanden" gilt, werden **mindestens 50 von 100 Punkten** benötigt.

4. Die Präsentation

4.1 Prüfungsablauf

Einer der Prüfer in der Prüfungskommission (Prüfungsausschuss) hat den Vorsitz. Zu Beginn stellt er sich und die anderen Prüfer vor und erkundigt sich danach, ob der Prüfungsteilnehmer sich physisch und psychisch in der Lage fühlt, die Prüfung abzulegen. Sollte dies nicht der Fall sein, so wird die Prüfung verschoben. Allerdings muss dies dann durch ein ärztliches Attest belegt werden, das nachgereicht wird.

Was will und soll der Prüfling in der Präsentation darstellen?

Es wäre unpassend, eine Wiedergabe der Dokumentation zu präsentieren. Diese hat die Prüfungskommission bereits gelesen und bewertet. Besser ist eine Zusammenfassung, welche der Prüfling anschaulich darstellt.

In der Präsentation kann der Prüfling den Inhalt seiner Projektarbeit, die fachbezogenen Themen einschließlich der Vorgehensweise und den damit erzielten Ergebnissen darstellen.

Doch eine Präsentation ist wesentlich mehr als eine praxisnahe Darstellung der Projektarbeit, welche man durchgeführt hat. Sie ist die handlungs- und prozessorientierte Interpretation des Prüflings und somit auch eine Darbietung nicht nur seiner fachlichen, sondern auch seiner kommunikativen Kompetenz.

Dazu gehört unter anderem, dass der Prüfling demonstriert, dass er die Präsentationstechniken beherrscht, dass er fachliche Zusammenhänge erkennen und erläutern kann und seine Präsentation so aufbereitet hat, dass er den Inhalt seiner Projektarbeit einem bestimmten Auditorium (Prüfungskommission) logisch und zielorientiert darbieten kann.

Ein bisschen viel auf einmal?

Es ist einfacher, wenn man die Präsentation in einzelne Bereiche gliedert und nacheinander bearbeitet, so bleibt sie überschaubar und man behält die Übersicht.

4.2 Zielgruppenwahl

Da in der Präsentation unter anderem gezeigt werden soll, dass Lösungskonzepte zielgruppenorientiert dargestellt werden können, muss diese Zielgruppe zuvor definiert werden. [1]

D. h. der Prüfungsteilnehmer muss der Prüfungskommission mitteilen, an welche Zielgruppe sich die Präsentation richtet. In den meisten Fällen wird dies der Kunde sein, jedoch kann sich der Prüfungsausschuss auch in die Rolle der Geschäftsleitung, des Abteilungsleiters o. Ä. hineinversetzen.

Wichtig hierbei ist, dass die Präsentation sich wirklich an der Zielgruppe orientiert. Der Prüfling muss sich also Gedanken darüber machen, welches Know-how auf Seiten seiner Zielgruppe vorausgesetzt werden kann und welche Informationen für diese wichtig sind. So wird die Präsentation für einen Vorgesetzen in der Regel anders aufgebaut sein, als die für einen Kunden.

Typische Fehler aus der Praxis:
- **Die Präsentation richtet sich an die Geschäftsleitung.** Auf den ersten Folien wird Unternehmenszweck und -größe erläutert. In der Regel sollte die Geschäftsleitung diese Informationen besser kennen als derjenige, der präsentiert.

- **Die Präsentation richtet sich an den Kunden.** Sie beinhaltet die interne Preiskalkulation inkl. der Einkaufspreise. Der Kunde wird sich freuen, wenn er die Margen kennt und gleich nach der Präsentation damit beginnen, den Preis zu drücken.

Wichtiger Hinweis:

In letzter Zeit gibt es wieder Diskussionen darüber, welche Alternativen bei der Zielgruppenwahl zur Auswahl stehen. Die IHK Berlin beispielsweise bevorzugt die Prüfungskommission als Zielgruppe. Da das Projekt möglichst realitätsbezogen sein soll und die Prüfungskommission in alltäglichen Projekten eines Betriebes keine Rolle spielt, weist dagegen die IHK Südlicher Oberrhein die Prüfungsteilnehmer schriftlich darauf hin, dass der Prüfungsausschuss als Zielgruppe nicht zugelassen wird. [9]

Sollte dem Prüfungsteilnehmer nicht klar sein, wie dies in seiner Region gehandhabt wird, sollte er sich bei der zuständigen IHK erkundigen.

4.3 Vorbereitung

Gleich nach Abgabe der Projektarbeit beginnen

Die Vorbereitungen zur Präsentation sollten direkt nach Abgabe der Projektdokumentation beginnen. Nachdem möglicherweise die Nächte vor dem Abgabetermin noch recht stressig waren, ist nichts dagegen einzuwenden, ein bis zwei Tage zu relaxen. Jedoch ist es nicht ratsam, die Vorbereitung der Präsentation erst eine Woche vor dem Prüfungstermin zu beginnen. Die Informationen der Projektdokumentation sind direkt nach dem Abgabetermin noch deutlich frischer im Gedächtnis.

4.3.1 Inhaltliche und zeitliche Struktur der Präsentation

Die Präsentation sollte in der Regel die Anzahl zwischen 10 und 14 Seiten einschließlich Deckblatt und dem Fazit am Ende nicht übersteigen. Dabei kann sich der Prüfling zur Orientierung in etwa an den nachfolgenden Aufbau halten:

Das Deckblatt

Auf der ersten Seite stellt der Prüfling das Thema seiner Präsentation und sich selbst mit ein paar Eckdaten vor, wie Name, in welchem Beruf und in welcher Fachrichtung er seine Ausbildung durchgeführt hat sowie seinen Ausbildungsbetrieb.

Inhaltsverzeichnis

Es folgt das Inhaltsverzeichnis mit den einzelnen Punkten der Präsentation.

Sehr anschaulich dargestellt wirkt es, wenn dieses Inhaltsverzeichnis als kleine Agenda auf der rechten Seite einer jeden Folie abgebildet ist. Dabei ist der Punkt der Agenda, an dem sich der Prüfling gerade befindet, fett gedruckt oder farbig gekennzeichnet. Der Prüfungsausschuss weiß somit die ganze Zeit, an welchem Punkt der Präsentation sich der Prüfling genau befindet. Dem Prüfling dient es als roter Faden, der sich somit durch die ganze Präsentation zieht.

Projektumfeld

Als Projektumfeld bezeichnet man den Bereich, in dem das Projekt stattfindet. Das kann bei einem Kunden vor Ort sein, aber auch eine Abteilung in der eigenen Firma.

Ist-Zustand

Die fachliche Ausgangslage wird im Ist-Zustand des Projektes beschrieben.

Soll-Zustand

Mit dem Soll-Zustand wird das Ziel des Projektes beschrieben.

Beschreibung der Projektplanung

Stellen Sie die einzelnen Schritte der Konzeption und die Strategie – die vom Ist-Zustand zum Ergebnis führen sollen – dar.

Bis zum Ende der Vorstellung dieser 6 Teilabschnitte sollten nicht mehr als 5 bis maximal 6 Minuten vergangen sein, denn der Hauptabschnitt der Präsentation kommt jetzt.

Durchführung des Projektes

Hier wird die Realisierung des Projektes sowie die Umsetzung der Projektplanung erläutert.

Da noch drei Punkte folgen, sollten nun nicht mehr als 10 bis 12 Minuten der gesamten Präsentationszeit verstrichen sein.

Test

Sobald die Darstellung der Durchführung des Projektes abgeschlossen ist, beginnt man die durchgeführten Tests zu erläutern. Tests dienen der Qualitätssicherung eines Projektes und sollten unbedingt am Ende der Arbeit durchgeführt werden.

Ergebnisse

Jeder Test führt dabei auch zu einem Ergebnis. Oft ist es ratsam, diese Ergebnisse grafisch aufzubereiten, sodass die Prüfungskommission die Schlussfolgerungen des Prüflings aus den Ergebnissen einfacher nachvollziehen kann. So behält der Prüfling auch am Schluss der Präsentation den roten Faden und kann aus diesen Ergebnissen ein Fazit ziehen oder einen Ausblick auf die weitere Arbeit geben.

„Letzte Folie"

Es ist auch möglich, eine letzte Folie oder ein letztes Blatt mit „Vielen Dank für die Aufmerksamkeit" zu zeigen oder aufzulegen. Diese Variante als Abschluss einer Präsentation wird meist in Ausbildungsbetrieben mit eher konservativem Charakter gepflegt. Geschickter in der Prüfung ist jedoch, als letzte Folie das Fazit sichtbar stehen zu lassen.

Nach 15 Minuten sollte das Ende der Präsentation erreicht sein. Wer deutlich länger braucht, läuft Gefahr, dass der Prüfungsausschuss die Präsentation abbricht. Dies wirkt sich deutlich negativ auf die Punktbewertung aus.

4.3.2 Aufzeichnungen und Notizen

Stichworte auswendig lernen!

Zur Sicherheit können wichtige Stichworte auch notiert werden. Hierzu bieten sich kleine Karteikärtchen (A6 oder A7) an.

Ein weißes Blatt DIN A4 hat den Nachteil, dass Sie sich darauf erst orientieren müssen. Ein schneller Blick genügt dann meist nicht. Außerdem kann es passieren, dass sich Ihre Nervosität direkt auf das Blatt überträgt und ein konstantes Rascheln des Papiers im ganzen Raum zu hören ist. Dies wirkt auch auf den Prüfungsteilnehmer nicht gerade beruhigend.

Neigt man in der Aufregung dazu, besonders schnell zu sprechen, kann es hilfreich sein, sich am Rand seiner Karteikärtchen "Sprich langsam und ruhig" zu notieren.

Jeder Prüfling kennt sich selbst am besten und nur er kann entscheiden, welche Notizen ihm in der Prüfung am besten weiterhelfen.

Es gibt weiterhin die Möglichkeit, Anschauungsmaterialien sowie Handouts mitzubringen, oder die Demonstration eines Testes vorzuführen.

4.4 Verschiedene Medien und Präsentationstechniken

Die geplanten Hilfsmittel hat der Prüfungsteilnehmer bereits auf seinem Projektantrag angegeben. In den meisten Regionen ist es möglich, die Entscheidung, mit welchem Medium die Präsentation stattfindet, im Nachhinein zu ändern. Der Prüfling hat die Möglichkeit, zwischen vier Medien zu wählen:

- Beamer und Notebook
- Folien mit Overheadprojektor
- Flipchart und/oder
- Metaplantechnik

Beamer und Notebook sind in der Regel funktionstüchtig mitzubringen. Nur selten stellen die IHKs dieses Equipment zur Verfügung. Es liegt in der Verantwortung des Prüflings, sich von der Funktionstüchtigkeit seines Equipments vor der Prüfung zu überzeugen.

Präsentation mit einem Beamer

Stellt sich zu Beginn der Prüfung heraus, dass das Notebook oder der Beamer des Prüflings defekt sind, hat der Prüfling die Schwierigkeit, aus dieser Misere heraus eine anschauliche Präsentation vorzuführen. In den seltensten Fällen hat er dann zur Sicherheit seine komplette Präsentation separat auf CD oder USB-Stick dabei, in der Hoffnung, dass der Prüfungsausschuss dem Prüfling einen PC zu Präsentationszwecken zur Verfügung stellen kann.

Besonders umsichtig wäre es an dieser Stelle, wenn der Prüfling diese Präsentation als Foliensatz zur Sicherheit zur Prüfung mitbringen würde. Sollte keine dieser Möglichkeiten in Betracht kommen, gibt es erheblichen Punktabzug oder, was wahrscheinlicher ist, die Prüfung wird als nicht bestanden gewertet. Im schlimmsten Fall kann das bedeuten, dass der Prüfling diesen Prüfungsteil (A) erst in einem halben Jahr mit einem neuen Projekt wiederholen kann.

Alle Seiten der Präsentation haben ein einheitliches Design, und sind dabei sparsam im Einsatz von Farbe. Die Schrift auf den Folien bzw. Vorlagen soll gut lesbar sein. Als Schriftart bieten sich deshalb serifenlose Schriften wie Arial an. Wichtig ist auch, dass man auf die richtige Größe und auf Kontraste achtet.

Wenn im Ausbildungsbetrieb eine Vorlage für Präsentationen vorhanden ist, so sollte der Prüfling diese auch verwenden. Diese Corporate Designs sind meist bindend.

Die Präsentation mit einem Notebook über einen Beamer hat den Vorteil, dass der Prüfling sehr frei agieren kann.

Wer einen Zeigestab oder einen Laserpointer hat, kann damit auf die wichtigsten Punkte seiner Folien hinweisen. Diese Präsentation kann der Prüfling zum besseren Verständnis seiner Projektarbeit **sehr sparsam** mit Animationen versehen, z. B. um ein technisches Problem anschaulicher darzustellen. Wird z. B. die Ergänzung eines Netzwerkplanes dargestellt, können nach und nach die hinzukommenden Komponenten in die Zeichnung mit einfließen, genauso wie in der Praxis das Netzwerk mit einzelnen Hardwarekomponenten erweitert wird.

Bei Animationen ist jedoch größte Vorsicht geboten. Wenn jede Zeichnung und jeder Satz buchstabenweise über den Bildschirm fliegt, so sieht es mehr nach Spielerei als nach seriöser Arbeit aus. Irgendwelche Männchen, die sich bewegen, oder Markierungen, die ihre Farbe wechseln, ziehen den Blick des Betrachters auf sich und erschweren das konzentrierte Lesen der restlichen Folie. So etwas wirkt sich sehr negativ auf die Punktevergabe aus.

Auch ein Overheadprojektor bietet als Präsentationsmittel einige Möglichkeiten. Ein Projekt und dessen Weiterentwicklung kann mit einem übereinander gelegten Foliensatz aufgezeigt werden. Es hat sogar den Vorteil, dass der Prüfling für wichtige Punkte zum Anzeigen einen Stift auf die Folien legen kann und dabei stets der Prüfungskommission das Gesicht zuwendet.

Folienpräsentation mit Overheadprojektor

Das Flipchart bietet sich sehr gut als Ergänzung zu den vorangegangenen Präsentationsmedien an. So kann beispielsweise eine Vorteil-Nachteil-Übersicht während der Präsentation entwickelt werden, welche man jedoch auf dem Flipchartpapier bereits vorher vorbereitet hat. Auch zur Darstellung eines vereinfachten Netzplanes oder eines Struktogrammes kann das Flipchart dienen.

Flipchart

Der große Vorteil des Flipcharts liegt darin, dass es ständig sichtbar ist, auch wenn die Folien der Präsentation wechseln. Da die Zeit der Prüfung allerdings begrenzt ist, sollten keine sehr komplexen Darstellungen erst in der Prüfung aufgezeichnet werden.

Auch die Metaplantechnik kann zur Ergänzung der beiden erstgenannten Medien dienen. Es kann beispielsweise ein Ablauf demonstriert werden, indem die vorbereiteten Kärtchen nach und nach an der Metaplanwand angebracht und erläutert werden.

Metaplantechnik

So demonstriert der Prüfling, dass er mit dem Einsatz von verschiedenen Medien umgehen kann.

Aber auch hier gilt: Alles bitte in Maßen!

Man sollte sich dabei auf die Verständlichkeit und deren Visualisierung konzentrieren. Bei der Bedienung **aller** Präsentationstechniken wirkt das Ganze schnell holprig und nervös.

Also nur die Präsentationstechniken einsetzen, die der Verbesserung der Präsentation dienen könnten.

Achten Sie bei allen Präsentationsarten darauf, zur Prüfungskommission zu sprechen. Besonders bei der Arbeit mit Beamer oder Flipchart gerät der Vortragende in die Gefahr, nur noch die Medien „anzusprechen".

**Üben der
Präsentation**

Es ist wichtig, die Präsentation häufig vor der Prüfung vor einem Publikum zu üben.

Das können die eigenen Ausbilder oder Mitauszubildenden sein, aber auch Freunde oder Familienmitglieder, die keine Ahnung von diesen technischen Themen haben. Wenn selbst Fachunkundige im Groben verstanden haben, worum es in der Präsentation geht, dann ist man auf die kommende Präsentation gut vorbereitet. Vielleicht stellt der Prüfling dann fest, dass er die angefertigten Karteikärtchen zur Hilfestellung wahrscheinlich nicht mehr benötigt, sondern bereits auswendig vortragen kann. Je sicherer man mit seiner Präsentation wird, umso klarer setzt man die Stimme ein und umso mehr überzeugt man durch eine ausdrucksvolle Mimik und klare Ausdrucksfähigkeit.

Die Kleiderordnung und andere Äußerlichkeiten

Die Kleidung sollte dem Anlass angemessen sein. Doch was zieht man als Teilnehmer zu einer Prüfung an?

Die Kleidung übermittelt eine stumme Botschaft. Sie soll (quasi) Ihre fachliche Kompetenz unterstreichen und den Prüfern eine bestimmte Ebene der Kommunikation signalisieren.

Für Frauen kann es ein Kostüm mit Knie bedeckendem Rock oder ein Hosenanzug mit Bluse oder einfachem Shirt (ohne tiefen Ausschnitt) sein, je nachdem, in welchem Ensemble man sich am wohlsten fühlt.

Für Männer kann es ein Anzug oder eine Stoffhose mit einem Sakko sein, dazu ein farblich passendes Hemd mit einer dazugehörigen Krawatte oder ein einfacher Rolli.

Selbst gegen eine „edlere" Jeans mit Sakko ist nichts einzuwenden.

Und wenn Sie sich mit einer Krawatte partout nicht wohlfühlen – lassen Sie sie weg.

Die Schuhe haben entweder den gleichen Farbton wie die Kleidung oder sind dunkler. Jogging- bzw. Turnschuhe bleiben zu Hause. Auf jeden Fall sollen Kleidung und Schuhwerk sauber und gepflegt wirken.

Die morgendliche Dusche soll der Vollständigkeit halber erwähnt werden.

Ein allenfalls dezentes Make-up und ein unaufdringliches Parfüm bei den Damen bzw. ein zurückhaltendes After-Shave bei den Herren runden den frischen Eindruck ab.

Egal, ob man Piercings zum Schmuck zählt oder nicht – Sie wollen weniger materiellen als geistigen Reichtum zur Schau stellen, also halten Sie sich mit Schmuck besser zurück.

Bedenken Sie:

„Es wird nicht nur der Inhalt, sondern auch die eigene Person präsentiert."

Wenn es Ihnen möglich ist, schauen Sie sich den Raum, in dem die Prüfung stattfindet, vorher einmal an. Dies gibt Sicherheit und bietet die Möglichkeit, sich auf etwaige räumliche Gegebenheiten einzustellen, wie z. B. farbige oder graue Wände, die eine wesentliche Rolle bei der Präsentation mit einem Beamer bzw. einem Overheadprojektor spielen. Bei farbigen oder verschmutzten Wänden ohne Leinwand ist es für die Präsentation hilfreich, wenn eine Metaplanwand mit weißem Papier vorbereitet werden kann.

Die Generalprobe

Holen Sie ggf. Informationen über die örtlichen Verhältnisse ein.

Zu der Zeit, die für den Weg zum Prüfungsort benötigt wird, sollte man mindestens eine halbe Stunde zugeben, um am Prüfungstag pünktlich zu sein.

Spätestens zwei Tage vor der eigentlichen Prüfung bietet sich die Generalprobe an. Kollegen oder Ausbildungsbetreuer können dabei die Rolle der Prüfungskommission übernehmen.

Den Tag vor der Prüfung sollten Sie als Ruhepause einplanen, damit sich das Erlernte und Geübte setzen kann.

Habe ich alles dabei?

Im Anschluss an die Generalprobe können anhand einer Checkliste alle Arbeitsschritte und Materialien, die man für die Prüfung benötigt, überprüft werden.

Checkliste

Es wird benötigt:
1. Funktionstüchtiges technisches Equipment mit allen Kabeln
2. Präsentation auf Folien/CD/Diskette usw.
3. Personalausweis oder Führerschein zur Identifikation vor dem Prüfungsausschuss
4. Eine Uhr

Bei Bedarf auch noch:
5. Notizen, Stichwortkärtchen
6. Zeigestab/Infrarot – Maus, vielleicht ein Lineal
7. (Eventuell) vorbereitete Zeichnungen
8. Handouts
9. Anschauungsmaterialien

4.5 Die Präsentation selbst

Rechtzeitiges Erscheinen ist wichtig, damit noch genügend Zeit zum Aufbau des technischen Equipments und zur Vorbereitung bleibt.

Die Uhr sollte so liegen, dass sie gut sichtbar ist, damit der Prüfungsteilnehmer während der Präsentation die Zeit im Auge behalten kann. .

Zu Beginn der Präsentation wird durch die Prüfungskommission in der Regel die Identität des Prüflings anhand eines gültigen Dokumentes (Personalausweis oder Führerschein) überprüft. Als Nächstes legt der Prüfling seine Ausbildungsnachweise vor.

Der Vorsitzende der Prüfungskommission fragt nun nach dem gesundheitlichen Befinden und ob sich der Prüfling in der Lage fühlt, heute und hier die mündliche Prüfung abzulegen. Wenn der Prüfling zu verstehen gibt, dass er sich gesundheitlich fit für die Prüfung fühlt, so muss er auch dazu stehen: *Das bedeutet, dass er nicht im Nachhinein geltend machen kann, dass er zum Zeitpunkt der Prüfung gesundheitlich beeinträchtigt war.*

Nach der Feststellung der Personalien und der gesundheitlichen Eignung beginnt die Präsentation.

4.6 Bewertung

Ein wichtiger Punkt der Bewertung ist die Einhaltung der Zeit.

15 Minuten stehen für die Präsentation zur Verfügung. Es gibt Prüfungskommissionen, die ganz hart nach den verstrichenen 15 Minuten abbrechen und somit den Prüfling mit seinen Ausführungen „abwürgen". Die noch wichtigen Erkenntnisse der Präsentation konnten dadurch vielleicht der Prüfungskommission nicht mehr nähergebracht und daher nicht bewertet werden.

Im Einzelnen achtet die Prüfungskommission bei der Präsentation auf folgende Punkte:

Aufbau und inhaltliche Struktur:
- Zielorientierung
- Sachliche Gliederung
- Zeitliche Gliederung
- Logik

Präsentationstechnik:
- Medieneinsatz
- Visualisierung
- Körpersprache

Kommunikative Kompetenz:
- Sprachstil
- Ausdrucksweise
- Satzbau
- Überzeugungsfähigkeit

Vollständigkeit und fachliche Kompetenz:
- Fachhintergrund
- Verwendung von Fachbegriffen
- Argumentation
- Thematische Durchdringung

Ein Beispiel für eine sehr weit verbreitete Bewertungsmatrix ist im Anhang zu finden.

Idealerweise hat der Prüfungsteilnehmer mit Selbstvertrauen und Optimismus seine Präsentation vorgetragen. Er hat klar und deutlich gesprochen und Betonungen an der richtigen Stelle in seinen Vortrag eingebaut.

Sein Vortrag wurde durch seine souveräne Haltung, Gestik und Mimik unterstrichen, indem er stets den Augenkontakt zu den Prüfern gehalten hat, wobei die Hände entweder locker nach unten weisen oder durch das Präsentieren im Einsatz sind. In der Hosentasche haben sie jedenfalls zu keinem Zeitpunkt der Präsentation etwas zu suchen. Auch diese Qualitätspunkte spielen bei der Bewertung eine Rolle.

5. Das Fachgespräch

5.1 Zeitlicher Rahmen

Im Anschluss an die Präsentation findet das Fachgespräch statt. Da es zusammen mit der Präsentation nicht mehr als 30 Minuten [1] betragen sollte, bleiben jetzt wahrscheinlich noch knapp 15 Minuten. Hierbei gilt es, sich den Fragen aus dem Prüfungsausschuss zu stellen. Diese zeitlichen Vorgaben werden in der Regel in etwa eingehalten. Trotzdem kommt es vor, dass ein Fachgespräch länger dauert, was unterschiedliche Gründe haben kann.

– Die Präsentation war so lang, dass innerhalb der 30 Minuten keine Zeit mehr für Fragen bleibt (hier hätte der Prüfungsausschuss allerdings schon früher abbrechen sollen).

– Die Prüfer haben Gefallen an der Diskussion gefunden. Dies ist bei interessanten Themen und gut vorbereiteten Prüflingen durchaus möglich.

– Der Prüfungsausschuss versucht verzweifelt, doch noch ein Thema zu finden, in dem der Prüfungsteilnehmer sich auskennt.

5.2 Inhalte

Der Prüfungsteilnehmer soll im Fachgespräch zeigen, dass er den für die Projektarbeit relevanten fachlichen Hintergrund aufzeigen sowie die Vorgehensweise im Projekt begründen kann. [1]

Hiermit sind die Themengebiete des Fachgespräches von vornherein festgelegt. Die Fragen der Prüfer leiten sich also alle aus Projektarbeit und Präsentation ab. Das klingt zunächst einmal recht einfach, denn der Prüfungsteilnehmer hat sich mit dem Thema seiner Projektarbeit ja intensiv auseinandergesetzt. Doch ganz so anspruchslos wird es auch nicht.

Zum projektrelevanten Fachhintergrund gehört jegliches Knowhow, das in irgendeiner Weise für das Projekt notwendig war.

Es gilt also:

– **Die Vorgehensweise zu begründen**

Frage: Warum nutzen Sie als Server-Betriebssystem nicht Linux?

Antwort: Im Unternehmen des Kunden ist kein Linux Know-how vorhanden. Die entsprechende Ausbildung der Administratoren lediglich zur Bedienung und Wartung eines Servers wäre zu aufwendig.

– **Eingesetzte Techniken zu erläutern**

Frage: Ihre Rechner greifen über einen DSL-Router auf das Internet zu. Welche Technik setzt der Router hierzu ein und wie funktioniert diese?

Antwort (in Stichworten):   NAT, öffentliche IP-Adresse, privaten IP-Adressbereich, IP-Adress-Übersetzung, Ports

– Verwendete Fachbegriffe zu definieren

Frage: Was heißt ISDN und wie funktioniert es?

Antwort (in Stichworten): Integrated Services Digital Network, digitales öffentliches Telefonnetzwerk, ähnlich Ethernet, MSN, D-Kanal, B-Kanäle, analoge Endgeräte über a/b-Wandler anschließbar...

– Fragen hinsichtlich der Projektdokumentation und Präsentation zu beantworten

Frage: Die Verkaufszahlen in Ihrer Projektdokumentation stimmen nicht mit denen in Ihrer Präsentation überein.

Antwort: Die Präsentation enthält auch die Produkte, die zwischen dem Abgabeschluss der Dokumentation und heute verkauft wurden.

– Das Projektergebnis zu bewerten und ein Fazit ziehen zu können

Frage: Was würden Sie der Geschäftsleitung als nächsten Schritt empfehlen?

Antwort: Der Datendurchsatz der im Projekt erstellten Schnittstelle entspricht den geforderten Ansprüchen. Da die Daten trotzdem nicht schnell genug zur Verfügung stehen, sollte der Schwachpunkt ausfindig gemacht werden. Wahrscheinlich benötigt der Datenbankserver eine leistungsfähigere Hardware.

Auch wenn das Fachgespräch oft einen eher technischen Schwerpunkt hat, spielt der kaufmännische Part eine wichtige Rolle. Daher müssen z. B. verwendete Kalkulationsarten erläutert und begründet werden können.

Die dargestellten Gebiete zeigen den maximalen Umfang, den ein Fachgespräch annehmen kann. Jedoch müssen die Fragen des Prüfungsausschusses nicht alle Themenbereiche abdecken.

5.3 Vorbereitung auf das Fachgespräch

Zwar kann im Vorfeld noch nicht klar gesagt werden, wie das Fachgespräch verläuft, dennoch kann man mit etwas Vorarbeit bösen Überraschungen vorbeugen.

Eine gründliche Vorbereitung auf das Fachgespräch hat zwei Phasen. Zuerst gilt es, die Projektdokumentation auf die in den nachfolgenden Abschnitten genannten Kriterien hin genauer zu untersuchen. Anschließend kann mit Klassenkameraden, weiteren Prüfungsteilnehmern, Kollegen oder sonstigen fachkundigen Personen ein Fachgespräch simuliert werden.

Eine möglichst reale Situation, in der 15 Minuten konzentriert gearbeitet wird, bringt nicht nur Sicherheit für die Prüfung, sondern deckt auch vorhandene Mängel auf. Wie oft ist man selbst der Meinung, etwas gut verstanden zu haben. Wenn man es allerdings erklären soll, gerät man ins Stocken.

Bei einer derartigen Übung sind selbstverständlich Aussagen wie „Ach, du weißt schon, was ich meine", strengstens verboten. Da (wie nachfolgend beschrieben) nicht nur fachliche, sondern auch sprachliche Aspekte bei der Bewertung eine Rolle spielen, sollten sich alle Beteiligten genauso ausdrücken, wie es die entsprechende Person in der Prüfung tun würde. Somit sollten sich Prüfer und Prüfling z. B. auch mit „Sie" ansprechen.

Dem Prüfungsteilnehmer muss die ausführliche Bezeichnung jeder verwendeten Abkürzung bekannt sein. Bei speziellen Abkürzungen wie CSS oder VS.net ist dies meist kein Problem, denn der Prüfling hat sich damit ja auseinandergesetzt.

In der Praxis hat die Mehrzahl der Prüfungsteilnehmer eher Schwierigkeiten mit gängigen Abkürzungen. Inwieweit man diese kennen muss, hängt stark vom jeweiligen Prüfer ab. Um aber an dieser Stelle kein Risiko einzugehen, ist es ratsam, jegliche verwendeten Abkürzungen genau zu kennen. Je nach Arbeit gehören dazu z. B. auch HTML, USB, ISDN, RAID, SCSI, IDE...

Fachbegriffe

Alle in der Projektarbeit verwendeten Fachbegriffe müssen einwandfrei erläutert werden können. Wenn ein Autor eine Arbeit schreibt, muss ihm klar sein, welche Bedeutung seine Worte haben. Wer also ein Data Warehouse erwähnt, muss auch wissen, was es ist. Genauso verhält es sich mit allen anderen Begriffen wie E-Learning, Host, Cache...

Gerade alltägliche Fachbegriffe bereiten den meisten Prüfungsteilnehmern Schwierigkeiten. Wer in seiner Projektarbeit beispielsweise Kosten plant und anschließend eine Aufstellung aller Ausgaben macht, kann davon ausgehen, dass ein kaufmännisch orientierter Prüfer nach dem Unterschied zwischen Kosten und Ausgaben fragt.

Techniken

Wer eine bestimmte Technik zur Erreichung seines Projektzieles einsetzt, sollte wissen, wozu sie dient und wie sie funktioniert. Werden in der Projektarbeit über eine Datenbank z. B. Daten in der dritten Normalform dargestellt, so drängen sich die Fragen auf, warum man dies tut und wie man die dritte Normalform erreicht.

Vorgehensweise – Alternativen

An vielen Stellen eines Projektes kann man sich die Frage stellen, warum so und nicht anders vorgegangen wird. Warum wird ein Proxyserver für den Internetzugang genutzt und nicht NAT? Warum wird die Software selbst erstellt und nicht von außen zugekauft?

Es wird vom Prüfungsteilnehmer erwartet, dass er seine Vorgehensweise begründen kann. Er hat sich im Projekt Schritt für Schritt von der Ausgangssituation zum Projektziel hinbewegt. Dabei gibt es in der Regel viele Alternativen, um ein Projektziel zu erreichen. Warum ist gerade der beschriebene Weg sinnvoll?

Dies setzt voraus, dass der Prüfling sich detailliert Gedanken über alternative Lösungsmöglichkeiten macht, auch wenn diese möglicherweise gleich wieder verworfen werden:

– Selbstverständlich hätte man die Schnittstelle auch in einer anderen Programmiersprache schreiben können, aber die gewählte Programmierumgebung ist in unserem Unternehmen vorhanden und musste daher nicht neu angeschafft werden. Außerdem schreiben wir alles damit. Daher kennen wir uns in dieser Umgebung besonders gut aus.

– Statt eines VPN-Tunnels über das Internet hätte man sich auch direkt im Zielnetzwerk per DFÜ einwählen können. Hierzu hätte man jedoch weitere Hardware benötigt, was zusätzliche Kosten bei Anschaffung und Wartung/Administration verursacht hätte.

5.4 Bewertung durch den Prüfungsausschuss

Wenn der Prüfungsausschuss keine weiteren Fragen mehr hat, wird der Prüfling darüber informiert und gebeten, den Prüfungsraum zu verlassen und vor der Tür zu warten.

Nun tauschen die Prüfer Ihre Eindrücke miteinander aus und kommen zu einer gemeinsamen Beurteilung für das Fachgespräch. Wie bereits bei der Bewertung der Projektdokumentation und der Präsentation wird auch hier in nahezu ganz Deutschland die Bewertungsmatrix der Umsetzungshilfen für die Prüfungsstruktur der IT-Berufe zurate gezogen (siehe Anhang). Diese führt folgende drei Punkte auf, die jeweils zu einem Drittel in die Punktzahl des Fachgesprächs einfließen:

- **Beherrschung des für die Projektarbeit relevanten Fachhintergrundes**
  War der Prüfungsteilnehmer in der Lage, die Fragen korrekt und in der geforderten Tiefe zu beantworten?

- **Problemerfassung, Problemdarstellung und Problemlösung**
  Konnte der Prüfungsteilnehmer den Kern einer Frage schnell verstehen und eine fachlich sinnvolle Lösung bieten?

- **Argumentation und Begründung**
  Konnten die dargestellten Lösungen auch sinnvoll begründet werden?
  Ist es dem Prüfungsteilnehmer also gelungen, den Ausschuss von der Richtigkeit der Lösung zu überzeugen?

Im Fachgespräch wird also nicht einfach nur (wie im Prüfungsteil B) die Korrektheit der Antworten bewertet, sondern auch, wie diese Lösungen dem Prüfungsausschuss mitgeteilt werden. Es können alle Antworten fachlich korrekt sein.

Wenn sie eingeleitet werden mit „Naja, vielleicht gibt es eine Möglichkeit..." oder „Ähm, ja, kann schon sein..." zeugt dies nicht gerade von einer großen Wortgewandtheit.

Wenn irgend möglich, sollten Fragen auch nicht einfach mit „ja" oder „nein" beantwortet werden. Denn die Begründung, warum dies so ist, wird genauso bewertet, wie die korrekte Antwort selbst.

Obwohl die Problemerfassung eine Rolle bei der Bewertung spielt, sollte der Prüfungsteilnehmer gleich sagen, wenn er eine Frage nicht richtig verstanden hat. Auch Prüfer sind nur Menschen. Und so kann es in der Prüfungssituation auch vorkommen, dass sich ein Prüfer missverständlich ausdrückt.

6. Mündliche Ergänzungsprüfung

6.1 Wann steht eine mündliche Ergänzungsprüfung an?

Die Beantwortung dieser Frage ist für jeden der vier IT-Berufe in den verschiedenen Fachrichtungen in der jeweiligen Ausbildungsordnung sehr klar geregelt.

Ausbildungsordnung (AO), Verordnungsteil für:
- Fachinformatiker/-in Fachrichtung Systemintegration
  § 15, Abs. 7
- Fachinformatiker/-in Fachrichtung Anwendungsentwicklung
  § 15, Abs. 7
- IT-System-Elektroniker/-in
  § 9, Abs. 7
- IT-System-Kaufmann/-frau
  § 21, Abs. 7
- Informatik-Kaufmann/-frau
  § 27, Abs. 7

Eine mündliche Ergänzungsprüfung bezieht sich ausschließlich auf den Prüfungsteil B und kann vom Prüfling oder nach Einschätzung der Prüfungskommission beantragt werden, wenn die Einzelleistungen im Prüfungsteil B in bis zu zwei Prüfungsbereichen mit „mangelhaft" und in einem Prüfungsbereich mit mindestens „ausreichend" bewertet wurden. Dies ist jedoch nur möglich, wenn die Ergänzungsprüfung für das Erreichen der Leistungen bzw. für das Bestehen der Prüfung den Ausschlag geben kann. [10]

Der Prüfungsteil B ist der schriftliche Teil der Prüfung und besteht aus der Ganzheitlichen Aufgabe I (Fachqualifikation), der Ganzheitlichen Aufgabe II (Kernqualifikation) und Wirtschafts- und Sozialkunde.

Insgesamt wird der Prüfungsteil B mit max. 100 Punkten bewertet. Folgende Skizze verdeutlicht die Verteilung dieser Punkte:

Prüfungsteil B		
Ganzheitliche Aufgabe I Fachqualifikation min. 30 von 100 Punkten*	Ganzheitliche Aufgabe II Kernqualifikation min. 30 von 100 Punkten*	Wirtschafts- und Sozialkunde min. 30 von 100 Punkten*
Gewichtung: 40 %	Gewichtung: 40 %	Gewichtung: 20 %
100 %		
Diese 100 % entsprechen 100 Punkten des Prüfungsteils B. Mindestens 50 Punkte müssen im Prüfungsteil B erreicht sein!		

*unter 30 Punkte: ungenügend

Einladung zur mündlichen Ergänzungsprüfung

Die Einladung zur mündlichen Ergänzungsprüfung erfolgt gleichzeitig mit der Bekanntgabe der Prüfungsergebnisse im Prüfungsteil B durch die zuständige IHK. In der Regel erhält dann der Prüfling auch die Einladung zu Präsentation und Fachgespräch.

Freiwillig eine mündliche Ergänzungsprüfung ablegen?

Als Erstes sollte sich der Prüfungsteilnehmer die Frage stellen, ob und ab wann er das Recht hat, eine mündliche Ergänzungsprüfung abzulegen. Auch hier ist ein Blick in die Ausbildungsordnung hilfreich.

„Die Ergänzungsprüfung in einem mangelhaft bewerteten Prüfungsbereich wird nur durchgeführt, wenn sie für das Bestehen der Prüfung den Ausschlag geben kann, **nicht zur Verbesserung einzelner Prüfungsnoten**." [10]

Sollte also ein Prüfling mit seinen erzielten Prüfungsergebnissen einfach nur unzufrieden sein, wird er wohl mit diesen Ergebnissen leben müssen, denn die Möglichkeit, einzelne Prüfungsergebnisse durch eine Ergänzungsprüfung zu verbessern, gibt es nicht.

Dauer und Zeitpunkt

Eine Ergänzungsprüfung dauert in etwa 15 Minuten und findet in der Regel am selben Tag wie die Präsentation und das Fachgespräch statt. Einige Prüfungskommissionen legen diesen Termin aber auch zwischen Ablegen des Prüfungsteils B und die Präsentation, damit der Prüfling sich nicht auf zwei Prüfungen gleichzeitig konzentrieren muss. Es gibt allerdings auch Prüfungskommissionen, die am Tag der Präsentation die mündliche Ergänzungsprüfung durchführen. Das kann unter Umständen sogar im Anschluss an das Fachgespräch sein oder einige Stunden später am Nachmittag.

6.2 Vorbereitung

Den Bereich, in dem der Prüfungsteilnehmer geprüft wird, wählt er selbst aus einem der mit „mangelhaft" bewerteten Prüfungsbereichen aus Prüfungsteil B (schriftliche Prüfung):

Ganzheitliche Aufgabe I : Fachqualifikationen
Ganzheitliche Aufgabe II: Kernqualifikationen
Wirtschafts- und Sozialkunde

Sobald das Prüfungsfach feststeht, sollte auch schon mit der Vorbereitung begonnen werden. Arbeit gibt es genug, denn da sind ja auch noch Präsentation und Fachgespräch!

6.3 Ablauf

Eine mündliche Ergänzungsprüfung läuft ähnlich ab wie ein Fachgespräch.

Verhalten

Wie zu Beginn der Präsentation wird auch hier die Frage gestellt, ob der Prüfungsteilnehmer sich psychisch und physisch dazu in der Lage fühlt, die Prüfung anzutreten. Dann beginnen die Prüfer damit, ihre Fragen zu stellen.

Zum Zeitpunkt der mündlichen Ergänzungsprüfung ist eine gute Portion Nervosität verständlich, denn es steht einiges auf dem Spiel. Da der Prüfling sich gut auf diese mündliche Ergänzungsprüfung vorbereitet hat, sollte er zeigen, was er gelernt hat und was er weiß. Die Prüfungskommission wird jede gut dargestellte Leistung verwerten und in das Gesamtergebnis einfließen lassen.

Das Ergebnis der mündlichen Ergänzungsprüfung wird im Verhältnis 1:2 mit dem bisherigen Ergebnis verrechnet. Das bisherige Ergebnis geht also mit zwei Teilen und das der mündlichen Ergänzungsprüfung mit einem Teil in die Note ein.

Abschluss

Bei der Aushändigung des Ergebnisses kommt es nun darauf an, ob Präsentation und Fachgespräch bereits absolviert wurden oder ob dies noch ansteht. Wer das Fachgespräch erst noch vor sich hat, bekommt nur die Information mitgeteilt, ob der Prüfungsteil B nun als bestanden gilt oder nicht. Wer jedoch zu diesem Zeitpunkt das Fachgespräch bereits hinter sich gebracht hat, erhält das Resultat der gesamten Prüfung ausgehändigt. Es wird also festgestellt, ob die Gesamtprüfung bestanden wurde. Dies erfolgt oft nur als Formblatt mit dem Vermerk „bestanden" oder „nicht bestanden". Die detaillierte Auflistung aller erreichten Punkte sowie das IHK-Prüfungszeugnis kommen in der Regel später mit der Post.

6.4 Inhalt der Prüfung

Da es sich um ein spezielles Thema handelt, erwartet die Prüfungskommission natürlich auch eine allumfassende Beantwortung des Themas. Mitglieder der Prüfungskommission stellen dazu ihre Fragen, um dem Prüfling eine Richtlinie zu geben, welche Inhalte sie genau zu diesem Thema erwarten. Weitere Fragen der Prüfungskommission dienen der Unterstützung des Prüflings, denn die Prüfungskommission möchte soviel wie möglich an verwertbaren Leistungen sehen.

6.5 Prüfer

Jede Prüfungssituation erzeugt Stress. Dies ist auch den Prüfern bekannt. Es kann sein, dass der Prüfling die Prüfer bereits kennt, vielleicht aus seiner Präsentation und dem Fachgespräch, sodass ihm die Prüfungssituation bekannt ist.

Den Prüfern ist klar, dass sich jeder Prüfling, der eine mündliche Ergänzungsprüfung absolviert, in einer schwierigen Situation befindet. Leistungen, die man bewerten kann, werden auch bewertet. Nur wenn ein Prüfling wirklich nichts weiß, kann auch nichts bewertet werden und dieser Prüfungsteil B gilt dann als nicht bestanden.

7. FAQ – Die meistgestellten Fragen

7.1 Vorzeitige Abschlussprüfung

Ein Auszubildender kann nach Anhörung des Ausbildenden und der Berufsschule gemäß § 45 Abs. 1 BBiG vor Ablauf seiner Ausbildungszeit zur Abschlussprüfung zugelassen werden, wenn seine Leistungen dies rechtfertigen.

Dem Antrag auf Zulassung zur Abschlussprüfung wird unter Berücksichtigung der bis zum Prüfungstermin noch verbleibenden Ausbildungszeit zugestimmt, wenn **der Ausbildungsbetrieb** dem Auszubildenden überdurchschnittliche Leistungen bescheinigt. Dies bedeutet mindestens „gute" Leistungen, also mindestens einen Durchschnitt von 2,4 und die Qualifikationen dürfen in keinem Bereich der Fertigkeiten und Kenntnisse unter „befriedigend" liegen.

Dabei sind entsprechend der Ausbildungsordnung der Ausbildungsgang, der Leistungsstand und die in der bis zur Prüfung verbleibenden Zeit zu vermittelnden Fertigkeiten und Kenntnisse im Hinblick auf die Erreichung des Ausbildungsziels zu berücksichtigen.

§ 45
Zulassung in besonderen Fällen

(1) Auszubildende können nach Anhörung der Ausbildenden und der Berufsschule vor Ablauf ihrer Ausbildungszeit zur Abschlussprüfung zugelassen werden, wenn ihre Leistungen dies rechtfertigen.

Berufsbildungsgesetz, 2005 (Auszug)

Für die Leistungen in **der Berufsschule** gelten die gleichen Bewertungskriterien, das heißt auch hier müssen mindestens „gute" Leistungen von mindestens 2,4 bescheinigt werden und die Qualifikationen dürfen in keinem Bereich der Fertigkeiten und Kenntnisse unter „befriedigend" liegen.

Den Antrag stellen dürfen der Ausbildungsbetrieb (der Ausbildende) und der Auszubildende. Der Antrag auf vorzeitige Abschlussprüfung ist bei der zuständigen IHK schriftlich einzureichen.

Im Zweifelsfall darf die IHK zusätzliche Unterlagen anfordern und außerdem den Ausbildungsbetrieb, den Auszubildenden und die Berufsschule anhören.

In der Regel entscheidet die IHK über die Zulassung zur Abschlussprüfung.

Achtung

Eine vorzeitige Abschlussprüfung bringt den Auszubildenden möglicherweise ein halbes Jahr früher an sein Ziel. Jedoch können die Abschlussnoten darunter leiden. Daher sollte dieser Schritt gut überlegt sein.

7.2 Projektarbeit ist gescheitert

Der Projektantrag wurde genehmigt, aber der Prüfling ist mit seiner Projektarbeit gescheitert, da sie mit weniger als 50 von 100 Punkten bewertet wurde.

In so einem Fall darf sich der Prüfling zum nächstmöglichen Prüfungstermin, in der Regel nach 6 Monaten, zur Wiederholung des Prüfungsteiles A mit einem neuen Projekt anmelden.

Auf Antrag des Auszubildenden wird (gem. BBiG § 8 Abs. 2) seine Ausbildungszeit um genau diesen Zeitraum verlängert.

7.3 Betrieb meldet Insolvenz an

Falls der Ausbildungsbetrieb Insolvenz anmeldet, ist die IHK umgehend zu informieren. In der Regel unterstützen die Kammern die Auszubildenden bei der Suche eines neuen Ausbildungsbetriebes, der den Auszubildenden zur Prüfung führt.

Sollte ein solcher Ausbildungsbetrieb nicht rechtzeitig gefunden werden, so endet das Ausbildungsverhältnis mit einer nicht abgeschlossenen Berufsausbildung.

7.4 Rücktritt, Nichterscheinen, Nichtabgabe

Auch nach der Anmeldung zur Prüfung ist es noch möglich zurückzutreten. Hierzu ist eine rechtzeitige schriftliche Erklärung nötig. Die Prüfung gilt dann als nicht abgelegt.

Tritt der Prüfungsteilnehmer nach Beginn der Prüfung ohne wichtigen Grund zurück oder erscheint er erst gar nicht, so gilt die Prüfung als nicht bestanden.

Erfolgt der Rücktritt jedoch mit Angabe eines wichtigen Grundes, können bereits erbrachte Prüfungsleistungen anerkannt werden. Diese müssen dann nicht noch einmal wiederholt werden. Was anerkannt wird, entscheidet die IHK oder die Prüfungskommission.

Ein möglicher wichtiger Grund ist z. B. Krankheit. In solch einem Fall muss ein ärztliches Attest vorgelegt werden.

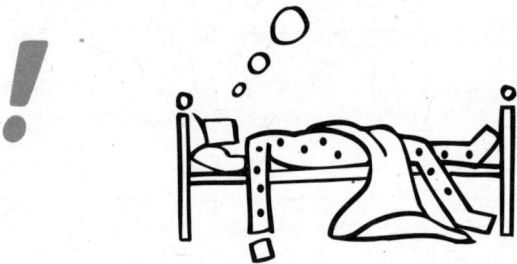

7.5 Thema verfehlt

Im Projektantrag werden nicht nur die Rahmenbedingungen des Projektes festgehalten, sondern auch die Inhalte. Mit der Gliederung eines genehmigten Projektantrages als Grundlage kommt es recht selten vor, dass das Thema verfehlt wird.

Hat ein Prüfling mit seiner Projektarbeit das Thema dennoch verfehlt, so ist er durchgefallen und darf in der Regel erst in einem halben Jahr mit einem neuen Projekt zur nächsten Prüfung antreten.

7.6 Täuschungsversuche

Wer sich einer Täuschungshandlung oder einer erheblichen Störung des Prüfungsablaufs schuldig macht, kann vom Aufsichtsführenden von der Prüfung vorläufig ausgeschlossen werden. Über den endgültigen Ausschluss und die Folgen entscheidet die Prüfungskommission nach Anhören des Prüfungsteilnehmers. In schwerwiegenden Fällen, insbesondere bei vorbereiteten Täuschungshandlungen, kann die Prüfung als nicht bestanden erklärt werden. Das Gleiche gilt bei innerhalb eines Jahres nachträglich festgestellten Täuschungen. Hierzu zählen z. B. auch Projekte, bei denen sich im Nachhinein herausstellt, dass sie nicht durchgeführt wurden.

Geregelt ist dies in den Prüfungsordnungen der einzelnen IHKs.

7.7 Einspruch gegen Noten – Rechtsweg

Maßnahmen und Entscheidungen der Prüfungskommissionen sowie der zuständigen Stelle sind bei ihrer schriftlichen Bekanntgabe an den Prüfungsbewerber bzw. -teilnehmer mit einer Rechtsmittelbelehrung zu versehen. Diese richtet sich im Einzelnen nach der Verwaltungsgerichtsordnung und den Ausführungsbestimmungen des Landes.

Auf Antrag ist dem Prüfungsteilnehmer Einsicht in seine Prüfungsunterlagen zu gewähren. Die schriftlichen Prüfungsarbeiten sind ein Jahr, die Anmeldungen und Niederschriften sind 10 Jahre aufzubewahren.

Grundsätzlich gilt:

Wer der Meinung ist, nicht angemessen benotet worden zu sein, kann das Ergebnis anfechten. Der erste Schritt ist ein Einspruch bei der zuständigen IHK. Sollte dies keinen Erfolg bringen, steht immer noch der Rechtsweg offen.

Zuvor sollte man sich jedoch über die Konsequenzen im Klaren sein. Durch einen Einspruch kann die IHK z. B. eine Leistung (z. B. Projektarbeit) neu prüfen lassen. Ist das Ergebnis dieser zweiten Beurteilung ungünstiger, so ist es trotzdem verbindlich.

Beim Beschreiten des Rechtsweges sollte beachtet werden, dass durch die Gerichte nur die Form geprüft wird. Diese sind nicht in der Lage die Leistung während einer Präsentation zu beurteilen. Sind bei der Abschlussprüfung evtl. gravierende Formfehler unterlaufen, so kann im Erfolgsfalle die Prüfung annulliert werden. Dies hat allerdings zur Folge, dass der Prüfungsteil A in der Regel komplett wiederholt werden muss.

Wir hoffen, dass wir mit unseren fachlichen Hinweisen und Tipps viele Fragen rund um die IT-Prüfungen beantworten konnten. Dies soll ein Beitrag sein, das Prüfungswesen der IT-Berufe noch transparenter zu machen.

Allen Auszubildenden und Ausbildenden wünschen wir viel Erfolg für die Prüfungen!

Anselm Rohrer   *Ramona Sedlacek*

1. Der Projektantrag (Beispiel)

Antrag auf Genehmigung der betrieblichen Projektarbeit

An die
Industrie- und Handelskammer

_____

Prüfungsteilnehmer: Name, Vorname

_____

Ausbildungsberuf

Ausbildungsbetrieb (Firmenstempel):

Telefon: *Telefax:*

Projektbezeichnung:

Projektbeschreibung (Ist-/Sollzustand, Inhalte, erwartete Ergebnisse in Kurzform):

Quelle: IHK Südlicher Oberrhein

Antrag auf Genehmigung der betrieblichen Projektarbeit

Projektablauf/Gliederung des Projektablaufs incl. Zeitplanung:

Gesamter Zeitaufwand in Stunden:

Verantwortlich für das (Gesamt-) Projekt im Ausbildungsbetrieb:

....
Name   Vorname

Für die Präsentation vorgesehene Medien (Zutreffendes ankreuzen):

☐ Flipchart   ☐ Tageslichtprojektor   ☐ Beamer   ☐ Pinnwände

Sonstige Medien oder Hilfsmittel:

....

*Hinweis: Präsentationsmittel **mit Ausnahme** von Flipchart, Tageslichtprojektor, Pinnwände und Beamer sind vom Prüfungsteilnehmer mitzubringen.*

Wir beantragen die Genehmigung der betrieblichen Projektarbeit:

....
Ort, Datum

....
Ausbildungsbetrieb (Stempel) Unterschrift des Ausbildungsbetriebes Unterschrift des Prüfungsbewerbers

Quelle: IHK Südlicher Oberrhein

Antrag auf Genehmigung der betrieblichen Projektarbeit

_____   _____
Name/Adresse Betrieb (Firmenstempel)   *Name, Vorname Auszubildende/r*

Genehmigung der betrieblichen Projektarbeit durch den Prüfungsausschuss

Die Projektarbeit wird

☐ *genehmigt*   ☐ *unter Bedingungen/Auflagen genehmigt*

Bedingungen/Auflagen:

_____

_____

_____

_____

_____

_____

☐ *nicht genehmigt*

Begründung:

_____

_____

_____

_____

_____

_____

Projektprüfer: ....
                               Namen

....
Ort, Datum   *Unterschriften: Prüfungsausschuss*

Quelle: IHK Südlicher Oberrhein

2. Bewertungsmatrix zur Projektdokumentation

Prüfling:

Name	Vorname	Prüflingsnummer	Datum der Abgabe

Bewertungsmatrix **Projektarbeit**	10	9	7	5	3	0	Pkt	Gew	Erg

Portfolio

	10	9	7	5	3	0	Pkt	Gew	Erg
1 Ausgangssituation • Projektziele und Teilaufgaben (ggf. Abweichungen zum Projektantrag), Kundenwünsche • Projektumfeld, Prozessschnittstellen (Ansprechpartner, Einstieg, Ausstieg)	Ziele, Kundenwünsche und Teilaufgaben sind umfassend dargestellt, Umfeld und Schnittstellen sind umfassend beschrieben	Die wesentlichen Ziele, Kundenwünsche und Teilaufgaben sind dargestellt, Das Umfeld und die wesentlichen Schnittstellen sind beschrieben	Ziele, Kundenwünsche und Teilaufgaben sind erkennbar, Umfeld und Schnittstellen sind erkennbar	Ziele, Kundenwünsche und Teilaufgaben sind erschließbar, Umfeld und Schnittstellen sind erschließbar	Ziele, Kundenwünsche und Teilaufgaben sind bedingt erschließbar, Umfeld und Schnittstellen nicht oder nicht zutreffend beschrieben	Ziele, Kundenwünsche und Teilaufgaben fehlen / sind nicht erschließbar, Umfeld und Schnittstellen fehlen		15 %	—

Anmerkungen des Prüfers

	10	9	7	5	3	0	Pkt	Gew	Erg
2 Ressourcen- und Ablaufplanung • Personal-, Sachmittel-, Termin- und Kostenplanung • Ablaufplan	Ressourcen umfassend angeführt, Termine und Kosten transparent dargestellt, Ablauf klar und übersichtlich	Ressourcen im Wesentlichen angeführt, Termine und Kosten dargestellt, Ablauf übersichtlich	Wichtige Ressourcen angeführt, wichtige Termine und Kosten ablesbar, Ablauf erkennbar	Wichtige Ressourcen erschließbar, Termine und Kosten erschließbar, Ablauf erschließbar	Ressourcen bedingt erschließbar, Termine und Kosten unvollständig, Ablauf bedingt erschließbar	Ressourcen nicht erschließbar / genannt, Termine und Kosten fehlen oder nicht sachgerecht, Ablauf nicht erschließbar oder nicht dargestellt		15 %	—

Anmerkungen des Prüfers

Quelle: Bundesministerium für Bildung und Forschung (BMBF)

Kriterium							Gewichtung
3 Durchführung und Auftragsbearbeitung • Prozessschritte, Vorgehensweise, Qualitätssicherung • Abweichungen, Anpassungen, Entscheidungen	Durchführung der Prozessschritte umfassend dargestellt; Anpassungen und Folgen umfassend begründet und berücksichtigt	Durchführung der wesentlichen Prozessschritte dargestellt; Wesentliche Anpassungen und Folgen begründet und berücksichtigt	Durchführung der Prozessschritte erkennbar; Anpassungen und Folgen erkennbar	Durchführung von Prozessschritten erschließbar; Anpassungen und Folgen erschließbar	Durchführung von Prozessschritten bedingt erschließbar; Anpassungen und Folgen bedingt erschließbar	Durchführung nicht angesprochen / nicht erschließbar; Anpassungen und Folgen nicht angesprochen / nicht erschließbar	— — 30 %
Anmerkungen des Prüfers							
4 Projektergebnisse • Soll-Ist Vergleich, Qualitätskontrolle, Abweichungen, Anpassungen	Abnahme umfassend dargestellt; Prozess und Ergebnis umfassend bewertet	Abnahme im Wesentlichen dargestellt; Prozess und Ergebnis im Wesentlichen bewertet	Abnahme erkennbar dargestellt; Bewertung von Prozess und Ergebnis in Teilen erkennbar bewertet	Abnahme erschließbar; Bewertung von Prozess und Ergebnis erschließbar	Abnahme bedingt erschließbar; Bewertung von Prozess und Ergebnis mit erheblichen fachlichen Mängeln	Abnahme nicht angesprochen / nicht erschließbar; Bewertung nicht angesprochen oder fachlich nicht haltbar	— — 15 %
Anmerkungen des Prüfers							
5 Gestaltung des Portfolios • Äußere Form (Gestaltung von Text, Tabellen, Grafiken etc.) • Inhaltliche Form (Strukturierung, fach- und normgerechte Darstellung, etc.)	Insgesamt überzeugende Gestaltung; Fachgerechte Struktur und Darstellung, dem Inhalt optimal angepasst	Im Wesentlichen überzeugende Gestaltung; Fachgerechte Struktur und Darstellung	In wesentlichen Teilen ansprechend; Struktur und Darstellung weitgehend fachgerecht	Noch akzeptabel; Struktur erschließbar, Darstellung mit fachlichen Mängeln	Nicht ansprechend; Struktur nicht erschließbar, Darstellung mit erheblichen fachlichen Mängeln	Nicht annehmbar; Struktur nicht vorhanden, Darstellung fachlich nicht haltbar	— — 15 % (10 – 15)
Anmerkungen des Prüfers							

Quelle: BMBF

Kundendokumentation

Kundengerechte Anfertigung, Zusammenstellung und Modifizierung	Auftragsgerecht, gut strukturiert und deutlich nachvollziehbar	Im Wesentlichen auftragsgerecht strukturiert und nachvollziehbar	In wesentlichen Teilen auftragsgerecht, im Allgemeinen strukturiert und nachvollziehbar	Noch auftragsgerecht, wenig strukturiert, aber noch erschließbar	Teilweise nicht auftragsgerecht, strukturelle Mängel, kaum erschließbar	Nicht auftragsgerecht	10 % (5 – 15)
							— —

Anmerkungen des Prüfers

Summe

Ergebnis

Unterschrift

Datum:

Quelle: BMBF

3. Bewertungsmatrix zur Präsentation

Prüfling:

Name	Vorname	Nummer	Prüfungstag

Bewertungsmatrix Präsentation

	10	9	7	5	3	0	Pkt	Gew	Erg
Aufbau und inhaltliche Struktur - sachliche Gliederung. - Logik, - Zielorientierung	dem Thema optimal angepasste Gliederung und logisch richtige Darstellung, streng zielorientiert	zweckmäßige Gliederung und logisch richtige Darstellung, zielorientiert	sinnvolle, jedoch nicht optimale Gliederung, Darstellung im allgemeinen logisch, Zielorientierung vorhanden	umständlich, leichte Fehler in der logischen Darstellung, Zielorientierung erkennbar	sinnvolle Gliederung kaum erkennbar, teilweise logische Fehler, Zielorientierung kaum erkennbar	unsystematisch, unlogisch, zufällige Aneinanderreihung von Fakten, keine Zielorientierung	—	33,3 % — %	—
Sprachliche Gestaltung - Ausdrucksweise, - Satzbau, - Stil	Ausdrucksweise, Satzbau und Stil vorbildlich	einwandfreie Ausdrucksweise, guter Satzbau und Stil	Ausdrucksweise weitgehend passend, meist richtiger Satzbau, flüssiger Stil	leichte Schwächen in der Ausdrucksweise, Satzbau teilweise fehlerhaft, teilweise stilistische Fehler	erhebliche Schwächen in der Ausdrucksweise, grobe Fehler im Satzbau, erhebliche stilistische Fehler	unverständliche Ausdrucksweise, grobe Fehler im Satzbau, geringer Wortschatz	—	33,3 % — %	—
Zielgruppengerechte Darstellung - Medieneinsatz, - Visualisierung, - Körpersprache	durchgängig situationsgerecht, prägnant, immer optimal zum Inhalt passend	situationsgerecht, prägnant und dem Inhalt angemessen	überwiegend situationsgerecht, meist passend zum Inhalt	im Allgemeinen nicht situationsgerecht oder schlecht zum Inhalt passend, aber trotzdem verständlich	im Allgemeinen nicht situationsgerecht oder schlecht zum Inhalt passend, sodass die Verständlichkeit leidet	Medieneinsatz und Visualisierung falsch oder fehlend, verwirrende unangemessene Darstellung	—	33,3% — %	—
Anmerkungen des Prüfers								Summe	
								Ergebnis	

Quelle: BMBF

4. Bewertungsmatrix zum Fachgespräch

Bewertungsmatrix **Fachgespräch**	10	9	7	5	3	0	Pkt	Gew	Erg
Beherrschung des für die Projektarbeit relevanten Fachhintergrundes	der für die Projektarbeit relevante Fachhintergrund wird sicher und überzeugend beherrscht	der für die Projektarbeit relevante Fachhintergrund beherrscht	der für die Projektarbeit relevante Fachhintergrund im Allgemeinen beherrscht	der für die Projektarbeit relevante Fachhintergrund wird im Allgemeinen beherrscht, wenige Zusammenhänge werden aber falsch oder nicht erkannt	der für die Projektarbeit relevante Fachhintergrund wird nicht sicher beherrscht, Zusammenhänge werden oft falsch oder nicht erkannt	der für die Projektarbeit relevante Fachhintergrund wird nicht beherrscht, Zusammenhänge werden im Allgemeinen nicht oder falsch erkannt	—	33,3% ___%	—
Problemerfassung, Problemdarstellung und Problemlösung	Probleme werden selbstständig und sicher erkannt und Lösungen fachlich überzeugend dargestellt	Probleme werden sicher erkannt und Lösungen fachlich einwandfrei dargestellt	Probleme werden fast immer richtig erkannt und Lösungen meist fachlich angemessen dargestellt	Probleme werden im Allgemeinen richtig erkannt und Lösungen fachlich im Allgemeinen richtig dargestellt	selbst einfache Probleme werden nicht immer richtig erkannt. Die fachliche Darstellung der Lösungen überzeugt im Allgemeinen nicht	selbst einfache Probleme werden nicht richtig erkannt. Lösungen können nicht fachlich einwandfrei dargestellt werden	—	33,3% ___%	—
Argumentation und Begründung	fachliche Argumente und Begründungen werden immer richtig und überzeugend vorgetragen	fachliche Argumente und Begründungen werden sicher und richtig vorgetragen	fachliche Argumente und Begründungen werden richtig und überwiegend angemessen vorgetragen	fachliche Argumente und Begründungen werden zwar meist richtig, aber oft umständlich oder unangemessen vorgetragen	fachliche Argumente und Begründungen werden nur teilweise richtig und umständlich oder unangemessen vorgetragen	fachliche Argumente und Begründungen werden meist falsch, nicht oder unangemessen vorgetragen	—	33,3% ___%	—
Anmerkungen des Prüfers								**Summe**	
								Ergebnis	

Unterschrift :   Datum:

Quelle: BMBF

[1]   Regierung der Bundesrepublik Deutschland
      Verordnung über die Berufsausbildung im Bereich der Informations- und
      Telekommunikationstechnik vom 10.07.1997; Bundesgesetzblatt Nr. 48; S. 1741ff

[2]   Bundesministerium für Bildung und Forschung
      Umsetzungshilfen für die neue Prüfungsstruktur der IT-Berufe,
      Abschlussbericht; Juli 2000

[3]   IHK Nord Westfalen
      Handreichungen zur Abschlussprüfung für Auszubildende,
      Ausbildungsbetriebe und Berufsschule; 18.07.2003

[4]   IHK Südlicher Oberrhein
      Merkblatt zur Durchführung und Dokumentation der betrieblichen
      Projektarbeit im Rahmen der Abschlussprüfung in den IT-Berufen; 26.02.2004

[5]   Augustin, Jörg, Dipl.-Ing.
      IHK Südthüringen - Hinweise zur Gestaltung von schriftlichen Arbeiten, die im
      Zusammenhang mit Abschlussprüfungen vor der Industrie- und Handelskammer
      angefertigt werden; März 2001

[6]   Risch, Ralf
      Planvoll in die Zielgerade; in c't - magazin für computer technik; Jahrgang 2003;
      Ausgabe 16; S. 50

[7]   IHK Südlicher Oberrhein
      Überarbeiteter Bewertungsbogen zur Beurteilung der Projektdokumentation;
      aus einem Rundschreiben an die Prüfer der Kammer vom 17.09.2004

[8]   Standish Group International
      CHAOS Report, 2003

[9]   Stiehler, Sandra
      Zielgruppenfrage in IT-Prüfung, Präsentation; aus einem Rundschreiben an die
      Prüfer der Kammer vom 15.10.2004

[10] Bundesinstitut für Berufsbildung
      Ausbildungsordnungen für die neuen IT-Berufe; 10.07.1997

[11] Stefan Grunwald, Thoralf Freitag, Detlef Witt-Schleuer
      Zertifizierung im IT-Weiterbildungssystem; Heise-Verlag; Hannover; 2004;
      ISBN 3-936931-23-2

[12] Bulmahn, Edelgard; Bundesministerin für Bildung und Forschung
      Weiter durch Weiterbildung; in: Vom Azubi zum Master;
      Herausgeber: Bundesministerium für Bildung und Forschung; Juli 2002